Les Éditions du Boréal
4447, rue Saint-Denis
Montréal (Québec) H2J 2L2
www.editionsboreal.qc.ca

# Alerte !
## Le Québec à l'heure
## des changements climatiques

Steven Guilbeault

# Alerte !
## Le Québec à l'heure
## des changements climatiques

Boréal

Les Éditions du Boréal reconnaissent l'aide financière du gouvernement
du Canada par l'entremise du Programme d'aide au développement
de l'industrie de l'édition (PADIÉ) pour ses activités d'édition
et remercient le Conseil des Arts du Canada pour son soutien financier.

Les Éditions du Boréal sont inscrites au Programme d'aide aux entreprises
du livre et de l'édition spécialisée de la SODEC et bénéficient du Programme
de crédit d'impôt pour l'édition de livres du gouvernement du Québec.

Photo de la couverture : Martine Doyon

© Les Éditions du Boréal 2009
Dépôt légal : 4ᵉ trimestre 2009
Bibliothèque et Archives nationales du Québec

Diffusion au Canada : Dimedia
Diffusion et distribution en Europe : Volumen

*Catalogage avant publication de Bibliothèque et Archives nationales du Québec
et Bibliothèque et Archives Canada*

Guilbeault, Steven, 1970-

    Alerte ! : Le Québec à l'heure des changements climatiques

    Comprend des réf. bibliogr.

    ISBN 978-2-7646-0696-4

    1. Climat – Changements – Aspect de l'environnement. 2. Gaz à effet de serre – Réduction –
Québec (Province). 3. Pollution – Prévention – Québec (Province). I. Titre.

QC903.G84    2009    363.738'74    C2009-942328-6

*À Renée-Ann,*
*pour l'inspiration et l'appui indéfectible*
*au cours de toutes ces années.*

*À Morgane, Édouard, Madeleine et Vivianne :*
*je souhaite que le monde dans lequel vous grandirez*
*soit plus juste, plus vert et plus équitable.*

# Le point de non-retour

Pourquoi faudrait-il s'inquiéter du réchauffement climatique ? À quoi sert de lutter contre une fatalité à laquelle on ne peut vraiment pas grand-chose ? Pourquoi donc s'en faire ? Une tendance lourde, c'est bien connu, ne saurait être renversée. J'ai souvent entendu ce genre de propos, qui témoignent d'une vision du monde pour le moins défaitiste, quand ils ne servent pas de prétexte à l'inaction, au refus de changer quoi que ce soit dans nos comportements.

Il est bien certain que s'attacher aujourd'hui à contrer le réchauffement climatique n'est pas chose facile. C'est même un travail titanesque. Mais en aucune façon il ne s'agit d'une tâche impossible.

Fort de toutes mes années d'action militante, d'observation et de participation aux discussions de la communauté internationale, je suis fermement convaincu que nous pouvons non seulement freiner le réchauffement climatique, mais bel et bien renverser la tendance et ramener les concentrations de gaz à effet de serre à des niveaux viables.

Cette conviction profonde, je l'ai acquise du grand James Hansen, l'éminent scientifique du Goddard Institute for Space Studies de la NASA. À la fin des années 1980, seuls quelques visionnaires commençaient à parler de réchauffement climatique. Hansen était de ceux-là. En juin 1988, devant un comité du Sénat américain, il a refusé de qualifier les températures record de cette année-là de simple phénomène de variation naturelle et a insisté pour y voir les signes d'un périlleux réchauffement climatique causé par les activités humaines.

Cette même année, à l'initiative du Canada, s'est tenue à Toronto la première conférence scientifique internationale sur les changements climatiques, l'International Conference of the Changing Atmosphere — Implications for Global Security, qu'on appelle le plus souvent conférence de Toronto de 1988. Pour la première fois, les communautés scientifique et politique internationales ont sonné vigoureusement l'alarme sur la question des changements climatiques, comme en témoigne l'une des conclusions de cette rencontre : « L'humanité se soumet à une expérience involontaire, sans contrôle et globalement dangereuse dont les conséquences s'apparentent à celles d'une guerre nucléaire mondiale[1]. »

Notons que cette conférence fut coprésidée par deux chefs d'État, la Norvégienne Gro Harlem Brundtland, à qui on doit le fameux rapport de l'ONU intitulé *Notre avenir à tous*, et le Canadien Brian Mulroney.

La conférence de Toronto constitue le véritable début des négociations tenues au niveau international, même si, officiellement du moins, celles-ci ne commencent qu'en 1990, lorsque l'ONU met en place le premier groupe de travail sur les changements climatiques, qui mènera, deux ans plus tard, à l'adoption de la Convention-cadre des Nations Unies sur les changements climatiques à Rio de Janeiro.

Pour en revenir à Hansen, il tiendra hardiment tête au gouvernement de George W. Bush et refusera de se laisser intimider, même lorsqu'on trafiquera la transcription d'une de ses interventions auprès d'un comité du Congrès ! Évidemment, la falsification visait à minimiser l'importance et la gravité du réchauffement… Au moment où j'écris ces lignes, James Hansen vient de se faire arrêter pour avoir pris part à une action citoyenne contre les centrales au charbon. C'est vous dire la trempe de cet homme !

## Au seuil du point de non-retour climatique

Que disait donc Hansen il y a plus de vingt ans ?

Pour saisir toute l'importance de ses propos, il faut commencer par le commencement et rappeler ce que sont les gaz à effet de serre (GES).

Ces gaz entourent la planète d'une mince couche qui permet de retenir une partie de la chaleur qui nous arrive du Soleil. Ils provoquent ainsi une augmentation de la température de la Terre. Sans ces gaz, la température moyenne de la planète serait de $-18\ °C$ au lieu de $15\ °C$ : grâce à eux, on gagne $33\ °C$.

On distingue aujourd'hui deux types de GES : les gaz d'origine naturelle, comme la vapeur d'eau, le dioxyde de carbone ($CO_2$), le méthane ($CH_4$), l'oxyde nitreux ($N_2O$) et toute une famille de gaz créés par l'humain, connus sous le nom de gaz fluorés, comme l'hexafluorure de soufre ($SF_6$), les hydrofluorocarbones (HFC) et les hydrocarbures per-fluorés (PFC).

Les scientifiques ont mis au point une méthode qui permet de mesurer l'impact de ces gaz sur le réchauffement de la planète. Le $CO_2$ sert d'unité étalon et son potentiel de réchauffement global (PRG) est donc fixé à 1 ; selon ce calcul, le potentiel de réchauffement du méthane est d'environ 25, et celui de l'oxyde nitreux, 310. Quant aux gaz d'origine humaine, leur potentiel de réchauffement se situe entre 5 000 et 24 000 fois celui du $CO_2$.

Hansen a signalé, entre autres, que les concentrations de GES dans l'atmosphère avaient déjà dépassé le seuil « sécuritaire » de 350 parties par million (ppm). En 2005, dernière année pour laquelle des données exhaustives et fiables sont disponibles, les concentrations de GES avaient grimpé à 375 ppm[2].

Qu'est-ce que cela signifie ? En aucun cas que nous nous dirigeons tout droit vers l'enfer climatique. Comme toute personne qui connaît ses dossiers et qui a le souci de trouver des solutions à une situation préoccupante, Hansen sait faire preuve de jugement et d'esprit de nuance. Il établit donc une distinction capitale entre la notion de point de bascule et celle de point de non-retour : en franchissant le cap des 350 ppm, nous avons dépassé un seuil, nous « avons basculé » dans une zone de dangerosité climatique. Il y a certes déjà un prix à payer pour avoir franchi cette limite, et nous devons donc revenir le plus tôt possible au seuil des 350 ppm, pour éviter de nous diriger vers ce point de non-retour au-delà duquel le réchauffement climatique échapperait totalement à notre contrôle.

Nous serions donc dans cette zone qui précède de peu le point de non-retour. On pourrait, pour qualifier cette étape, reprendre l'expression du prospectiviste français Thierry Gaudin : l'atteinte des limites de la biosphère.

On peut ainsi constater au quotidien que les océans se vident, que la pollution est désormais généralisée, que les ressources en pétrole les plus faciles et les moins coûteuses à exploiter s'épuisent à la vitesse grand V… Certains scientifiques affirment aussi que le rythme auquel nous perdons des espèces animales et végétales correspond à celui des grandes extinctions que la planète a connues depuis 3,8 milliards d'années (la disparition des dinosaures fut la dernière). Le nombre d'espèces vivantes diminue à une vitesse mille fois supérieure au rythme normal des extinctions.

Dans le domaine des changements climatiques, l'atteinte des limites de la biosphère est particulièrement préoccupante. Selon une étude publiée par la prestigieuse revue britannique *Nature*, si l'humanité veut maximiser les chances d'éviter les dérapages climatiques, elle ne devra émettre guère plus de 697 milliards de tonnes de $CO_2$ d'ici 2050. Ce qui donne, d'ici là, un maximum de 17 milliards de tonnes par année. Or, actuellement, on rejette entre 28 et 29 milliards de tonnes de $CO_2$ par année, et ces émissions augmentent d'environ 3 % par an. Nous avons donc clairement atteint les limites de la biosphère. Impossible d'en faire fi.

## Inverser la logique, élargir la conscience

Mais si l'on abordait le problème sous un autre angle ? Par exemple, en considérant cette situation comme une chance extraordinaire ?

C'est ce qu'a proposé récemment l'astrophysicien québécois Hubert Reeves, qui citait Dominique Dron, professeure à l'École des mines à Paris. Selon cette dernière, il nous faut relever un défi inédit. Nous avons en effet devant nous *un monde à produire,* et nous pouvons nous ingénier à « épargner et restaurer les gratuités de la nature » ou, dans les cas extrêmes où ces gratuités auraient été irrémédiablement épuisées, « y substituer les effets du génie humain[3] ».

Ce monde doit être guidé moins par l'appel de la prouesse technique que par une science qui, chaque jour, arrive un peu mieux à saisir la complexité étonnante et éblouissante des écosystèmes qui soutiennent la vie, ceux-là mêmes qu'en anglais on nomme si éloquemment les *life support systems.* Et nous avons aussi à produire des hommes et des femmes désireux et capables de mettre en œuvre ce programme.

Je me laisse emporter par l'enthousiasme ? Je verse dans l'utopie ? Mais pas du tout ! Je suis simplement convaincu que nous sommes entrés dans une nouvelle étape particulièrement importante, celle de la transition. Reprenons les recommandations de Thierry Gaudin et visualisons la lettre S. La première courbe pourrait correspondre à l'étape du développement sans contrainte — comme le fut celui qui, sur le plan économique, eut lieu pendant les années d'après-guerre. Puis vient la seconde courbe : on entre alors dans l'étape de la décélération. Entre ces deux courbes va se créer une inflexion, une inversion des tendances.

Nous sommes aujourd'hui à la croisée des chemins. Après des décennies de croissance économique au cours desquelles nous n'avons pas tenu compte, ou si peu, des conséquences de nos gestes sur l'état de la planète, la société humaine commence maintenant à prendre la pleine mesure du défi qui se présente à elle. Cette étape de la transition est donc celle au cours de laquelle « la logique s'inverse et la conscience s'élargit[4] ». C'est cette étape-là que nous avons atteinte.

## Le point de non-retour des consciences

L'essentiel se situe sans doute dans la prise de conscience planétaire, dans l'attention prêtée aux enjeux des changements climatiques, à la couverture médiatique de ces enjeux, au débat politique les entourant. Et même dans la transformation du monde où nous vivons, qui a commencé à s'opérer.

Mais entendons-nous bien : je suis un optimiste, pas un imbécile heureux… Mon optimisme n'est pas commandé, il s'appuie sur des faits que je partagerai tout au long de ces pages.

Je suis également un réaliste et je sais à quel point il y a loin de la coupe aux lèvres. Les solutions, tant humaines que techniques et technologiques, sont à notre portée, mais encore faudra-t-il saisir ces occasions qui s'offrent à nous et relever le défi de lutter contre les changements climatiques.

Il y a encore d'énormes obstacles à franchir avant d'emporter la victoire, que ce soit l'inertie inhérente à tout système lorsque vient le temps de modifier les façons de faire, la résistance de certains lobbys (automobile, pétrole, charbon), et finalement l'inaction de certains gouvernements — à commencer par celle du gouvernement Harper.

Je cherche ici, bien sûr, à sensibiliser les lecteurs à la problématique des changements climatiques et au défi planétaire que cela implique. Mais, surtout, il s'agit pour moi de démontrer qu'un mouvement s'est amorcé et qu'il ne peut conduire qu'à la mise en place de nouvelles bases pour l'économie mondiale, de nouvelles façons de produire et de consommer l'énergie ou la nourriture, de se déplacer. En un mot, la mise en place d'une nouvelle relation avec la planète.

PREMIÈRE PARTIE

# Le monde

# L'état de la situation climatique

Si le réchauffement climatique ne fait que depuis peu l'objet d'intenses discussions internationales, la question de l'impact des émissions de gaz à effet de serre (GES) intéresse depuis longtemps les scientifiques. Déjà en 1827, le scientifique Jean-Baptiste Fournier (1772-1830) émet l'opinion que les GES réchauffent la planète. Un chimiste suédois, Svante August Arrhenius, formulera en 1896 l'hypothèse que les éruptions volcaniques modifient les concentrations de $CO_2$ dans l'atmosphère et peuvent entraîner des changements climatiques. En 1938, l'Anglais Guy Stewart Callendar notera que les émissions humaines de GES, générées par l'utilisation accrue des combustibles fossiles que sont le pétrole et le charbon, peuvent faire augmenter les concentrations de ces gaz dans l'atmosphère.

Le débat sur les relations entre l'activité humaine et le climat de la planète va s'intensifier, nous l'avons vu, au cours des années 1980. La communauté scientifique était alors divisée essentiellement en trois camps : le premier considérait que l'activité humaine n'avait pas d'impact sur le climat de la planète ; le deuxième supposait que cette activité… refroidissait le climat ; et le troisième concluait au réchauffement de la planète.

## Le Groupe d'experts intergouvernemental sur l'évolution du climat (GIEC)

C'est donc pour tenter d'éclaircir la situation qu'on va créer en 1988 le Groupe d'experts intergouvernemental sur l'évolution du climat (GIEC), sous l'égide conjointe du Programme des Nations Unies pour l'environnement et de l'Organisation météorologique mondiale. On lui confie le mandat de faire le point sur la question du réchauffement de la planète et sur d'autres aspects liés aux impacts écologiques, sociaux et économiques des changements climatiques.

Le GIEC est composé d'environ 2 500 scientifiques qui proviennent des quatre coins de la planète. L'ensemble du travail accompli par ce groupe de scientifiques a valu à ces derniers, conjointement avec Al Gore, le prix Nobel de la paix en 2007. Puisque le GIEC est sous la gouverne de l'ONU, chacun de ses rapports doit être analysé et recevoir l'approbation de l'ensemble des pays membres avant d'être publié.

Le rôle du GIEC n'est pas tant de produire un contenu scientifique que d'évaluer, de façon objective et transparente, les dernières données scientifiques, techniques et socioéconomiques à propos des risques liés aux changements climatiques dus à l'activité humaine ; le GIEC doit également évaluer les moyens susceptibles d'éliminer ou de réduire les impacts négatifs des émissions de GES sur l'environnement, ce qu'on appelle la mitigation, dans le jargon du GIEC. Pour y parvenir, il doit procéder au ratissage de la littérature scientifique sur la question du climat et passer au peigne fin plusieurs milliers d'articles scientifiques, publiés dans des revues reconnues pour leur sérieux. Le tout est chapeauté par un comité de lecture et révisé par des pairs.

Le processus d'approbation du GIEC est d'une rigueur implacable. J'ai assisté à plusieurs rencontres du groupe au cours desquelles quelques centaines de scientifiques et de négociateurs devaient adopter, phrase par phrase, et toujours par consensus, le rapport en discussion. Chacun des quatre rapports d'évaluation publiés à ce jour (en 1990, 1995, 2001 et 2007) a réactualisé, lors de sa publication, l'état des connaissances scientifiques mondiales sur le climat.

Dans le rapport de 1995, la communauté scientifique internationale conclut pour la première fois à l'influence perceptible de l'homme sur le climat mondial. Cette conclusion résulte du premier consensus scientifique international sur le fait que la planète se réchauffe et que ce réchauffement est dû à l'activité humaine.

Faut-il rappeler que les affirmations contenues dans ce rapport, comme celles des trois autres, ont été entérinées par la très grande majorité des États de la planète, notamment les pays producteurs de pétrole, les États-Unis et le Canada ?

Voici quelques-unes des grandes conclusions des rapports du GIEC.

D'abord, 11 des 12 dernières années (1995-2006) figurent parmi les années les plus chaudes depuis 1850, date à laquelle on a commencé à établir des relevés météorologiques de la température à la surface du globe.

Le troisième rapport du GIEC, celui de 2001, a évalué l'augmentation des températures du globe depuis 1950 à + 0,6 °C ; le quatrième rapport du même groupe, publié en 2007, estime maintenant à + 0,74 °C l'augmentation des températures. De plus, le GIEC prévoit que la température de la planète va augmenter de 2 °C à plus de 4 °C d'ici 2100.

Si nous devions dépasser ce seuil de 2 °C, les bouleversements climatiques planétaires seraient de plus en plus importants, sinon catastrophiques. C'est le consensus auquel plus de 200 scientifiques sont parvenus lors de la conférence d'Exeter, organisée en 2005 par le premier ministre britannique. Et plus nous attendons avant de réduire les émissions globales de GES, plus le coût de réduction sera élevé et plus nous risquons de dépasser ce seuil de 2 °C[1].

Les données satellitaires montrent que, depuis 1978, l'étendue annuelle moyenne des glaces a diminué de 2,7 % par décennie dans l'océan Arctique, avec un recul plus marqué de 7,4 % en 2007.

Enfin, deux des principaux gaz à effet de serre, soit le dioxyde de carbone et le méthane, ont atteint dans l'atmosphère des niveaux inégalés depuis au moins 650 000 ans.

Selon le GIEC, en 1970, les émissions mondiales de GES d'origine humaine s'établissaient à 28 milliards de tonnes d'équivalent $CO_2$ (une mesure de l'ensemble des GES[2]), alors qu'en 2004 ces mêmes émissions étaient de 49 milliards de tonnes. Voici comment elles sont réparties :

- Productions énergétiques : 25,9 %

- Industrie : 19,3 %

- Foresterie : 17,4 %

- Agriculture : 13,5 %

- Transports : 13,1 %

- Bâtiments résidentiels et commerciaux : 7,9 %

- Déchets et eaux usées : 2,8 %

Si les rapports du GIEC s'enchaînent à partir de 1990, les rencontres internationales vont elles aussi se succéder. La communauté internationale ne cesse de chercher des solutions qui fassent l'objet d'un consensus pour réduire les émissions collectives de gaz à effet de serre : après la conférence de Toronto en 1988, déjà mentionnée, après le Sommet de la Terre tenu à Rio de Janeiro en 1992, après la conférence de Berlin en 1995, viendra la conférence de Kyoto en 1997.

# CHAPITRE PREMIER

# La longue marche vers Kyoto

Si je suis aujourd'hui en mesure de constater ce progrès formidable que représente l'éveil des consciences à l'égard de l'environnement et si je peux le faire sans passer pour un illuminé ou un farceur — ce qui, convenons-en, était impensable il y a peu —, c'est en grande partie grâce à la détermination de tous les groupes mobilisés pour la lutte contre les changements climatiques. Je les ai beaucoup fréquentés et je peux en témoigner.

Pendant ces 15 dernières années, j'ai eu l'occasion de participer à de nombreuses rencontres internationales, d'assister à des négociations pleines de rebondissements. C'est qu'il faut avoir le cœur bien accroché dans ce genre de rencontre ! Le travail de préparation est intense : il faut, entre autres, cerner les grands enjeux de la discussion, anticiper les résultats, prévoir les pièges à éviter ou les échappatoires. L'existence d'un réseau serré d'ONG[1] est précieuse : entre ses membres et les délégués, les connaissances techniques et les expériences s'échangent avec une efficacité redoutable.

## Berlin : les premiers pas d'un militant

C'est à Berlin en 1995 que je participe pour la première fois à des négociations internationales. Quelques mois avant, un groupe de jeunes idéalistes écologistes, dont je faisais partie, voulant concilier vie professionnelle et militantisme, avait créé l'organisation Action pour la solidarité, l'équité, l'environnement et le développement (ASEED), aujourd'hui Équiterre, qui deviendra l'une des organisations non gouvernementales œuvrant dans le domaine de l'environnement et du développement durable les plus importantes au Canada[2]. François Meloche, Patrick Hern, Sidney Ribaux et Laure Waridel ont fait partie de ce groupe fondateur et sont d'ailleurs aujourd'hui encore très actifs dans leur milieu[3].

Cette conférence de l'ONU tenue à Berlin était importante. Il fallait s'assurer, à la lumière des données scientifiques les plus récentes — les connaissances et les découvertes scientifiques évoluent extrêmement vite en matière de changements climatiques —, que les engagements pris à Rio étaient toujours adéquats. En fait, on demandait aux pays que leurs engagements de réduction pris à Rio soient révisés sur la base des travaux du GIEC, mais sans le dire explicitement ! En quoi consistaient les engagements de Rio de 1992 ? Les pays industrialisés avaient pris comme engagement de faire plafonner (ce qu'on appelle « stabiliser » dans le jargon onusien) les émissions de GES à leur niveau de 1990 avant l'an 2000.

Et l'on en vint à la conclusion… que les engagements pris à Rio étaient en effet inadéquats. Pour remédier au problème, on décida de mettre sur pied un groupe de travail : la route vers le protocole de Kyoto venait de s'ouvrir.

Peu avant cette conférence de Berlin, plusieurs ONG québécoises avaient estimé nécessaire d'y être représentées. En mettant leurs ressources en commun, elles avaient pu envoyer deux représentants. J'étais l'un d'eux.

Voilà qui va marquer le début de mon engagement dans le dossier des changements climatiques. J'allais devenir un familier des rencontres de l'ONU organisées pour traiter de ces questions.

### Bonn : ma contribution au protocole de Kyoto

Après Berlin, des efforts diplomatiques sans précédent sont déployés pour préparer le texte de ce qui va devenir le protocole de Kyoto.

À cette époque, le gouvernement libéral (celui de Jean Chrétien, puis de Paul Martin) permettait à des représentants d'ONG de siéger comme observateurs au sein de la délégation canadienne. Nous avions là une occasion formidable de faire valoir des points de vue autres que ceux qui prévalaient au sein de la fonction publique canadienne. Dès son arrivée au pouvoir en 2006, Stephen Harper s'est empressé d'abolir cette pratique…

Je siège donc à Bonn en octobre 1997. Les délégués préparent le texte officiel qui doit servir pour les négociations à Kyoto. Paul Heinbacker, haut fonctionnaire du ministère des Affaires extérieures et ancien ambassadeur du Canada en Allemagne, est le délégué du Canada[4]. On peut imaginer le contraste entre cet homme extrêmement sérieux, habitué aux hautes sphères de la diplomatie internationale, et moi, le jeune écolo idéaliste…

Les négociateurs travaillent donc d'arrache-pied sur un article qui prévoit pour les pays la possibilité de réévaluer périodiquement leurs objectifs de réduction des GES. Ce type d'article est très important. À Berlin, en 1995, les pays avaient pris pour prétexte un article semblable (qui figurait dans la Convention-cadre de Rio de 1992) afin de remettre en question leurs engagements. Ce qui avait constitué une percée importante et qui avait lancé les négociations qui allaient mener à Kyoto.

Il est tard en soirée, nous en sommes à la énième séance de travail. Les négociateurs sont sur le point d'adopter la nouvelle mouture de l'article. Je m'aperçois alors qu'il n'y est fait aucune référence aux données scientifiques les plus à jour : sans elles, tout examen des engagements serait incomplet.

Mon statut d'observateur m'autorise à m'adresser directement aux membres de la délégation canadienne lors de séances de négociations. J'en profite ! J'interviens immédiatement auprès de Paul Heinbacker pour le convaincre que l'absence de ce point déterminant poserait problème dans l'avenir. Il se tourne vers ses conseillers, on lui confirme que j'ai raison. L'article, à sa demande, va être modifié en ce sens. La proposition canadienne sera adoptée à l'unanimité et figurera dans le texte officiel.

## Quelques jours avant Kyoto :
## dans les coulisses canadiennes

En novembre 1997, c'est-à-dire juste avant de s'envoler pour Kyoto, les ministres fédéraux de l'Environnement et des Ressources naturelles ont rencontré à Regina (Saskatchewan) leurs homologues des provinces et des territoires afin de convenir de la position canadienne qui serait défendue à la conférence de Kyoto.

Tous furent d'accord, et ils en firent état dans un communiqué final, pour reporter de dix ans l'atteinte des objectifs de Rio et donc viser la stabilisation des émissions de GES par le Canada pour 2010.

Tous sauf le ministre québécois de l'Environnement, Paul Bégin, pour qui le Canada devait aller plus loin. Il dut d'ailleurs tenir seul son point de presse dans un corridor, tandis que ses homologues donnaient le leur tous ensemble, mais ailleurs… Pour certaines mauvaises langues, c'était là une reconnaissance *de facto* de l'indépendance du Québec…

Malgré la présence à Kyoto du ministre Bégin, qui avait usé de toutes les tribunes pour faire pression sur Ottawa, comment aurais-je pu imaginer que le Canada s'engagerait beaucoup plus loin qu'il ne l'avait décidé lors de ce semblant de consensus à Regina ? Réduire de 6 % ses émissions de GES par rapport au niveau de 1990, et cela, pour la période allant de 2008 à 2012 : le changement de cap était net et ambitieux ! Pourquoi le Canada avait-il décidé d'aller plus loin ? Est-ce parce que Jean Chrétien s'était levé à la Chambre des communes à Ottawa, quelques jours avant la fin de la Conférence de Kyoto, pour déclarer que le « Canada serait plus vert que les Américains » ? Je crois que le gouvernement canadien ne voulait tout simplement pas rester en plan et avoir l'air d'un retardataire.

Mais quelle surprise lorsque le conseiller d'un des ministres présents a voulu rencontrer les représentants d'ONG et qu'il nous a demandé d'être très critiques à l'égard de la position d'Ottawa ! Le raisonnement était fort simple, même si j'ai mis un certain temps à le comprendre : l'industrie canadienne — les pétrolières en particulier — et certaines provinces, l'Alberta notamment, étaient furieuses que le Canada ait accepté une telle réduction, et le gouvernement fédéral ne voulait surtout pas qu'on l'accuse d'avoir cédé aux pressions des écolos ou, pire encore, à celles du Québec ! Alors, si nous critiquions vertement la position d'Ottawa pour son caractère insuffisant au moment même où les pétrolières et l'Alberta l'attaquaient pour des raisons opposées, le gouvernement fédéral pourrait affirmer avoir « tranché la poire en deux ». Comme quoi il ne faut pas toujours se fier aux apparences ni aux déclarations officielles !

## Kyoto

En décembre 1997, les délégués de 159 pays sont réunis à Kyoto, au Japon, pour établir des objectifs sur la réduction des gaz à effet de serre. Les négociations y sont difficiles.

Jusqu'à la dernière minute, deux visions de l'environnement et des solutions prônées se sont confrontées. D'une part, celle de l'Union européenne, largement appuyée par les

ONG et les pays en voie de développement, qui proposait l'adoption d'une série de politiques et de mesures conjointes, tels une taxe sur le carbone et des objectifs contraignants d'efficacité énergétique, afin de réduire les émissions de GES. D'autre part, celle des États-Unis, du Canada, du Japon, de l'Australie, de la Russie et de la Nouvelle-Zélande, qui faisait la promotion de la réduction des émissions de GES par l'utilisation de mécanismes de marché.

Le 11 décembre, plus de vingt-quatre heures après la fin prévue de cette rencontre, les délégués de 158 pays finissent par s'entendre sur un protocole. Ce texte, un document d'une trentaine de pages, est composé de vingt-huit articles et de deux annexes. Il faut bien comprendre que ce protocole ne constitue qu'un cadre général, qu'il ne dessine que les grandes lignes des engagements pris. La complexité des négociations a laissé un nombre considérable de points à régler, dont se chargeront les conférences internationales sur les changements climatiques qui suivront. Il faudra donc attendre la conférence de Marrakech en 2003 pour que se terminent les négociations sur les modalités d'application des règles et des dispositions prévues dans le protocole. Ces modalités seront ensuite adoptées à Montréal en 2005. L'ensemble de ces textes juridiques représente quelques centaines de pages, et on les désigne aujourd'hui sous le nom d'« accords de Marrakech ».

## Les pays signataires du protocole

On peut distinguer deux groupes de pays signataires du protocole de Kyoto. L'un est composé des pays industrialisés qui, pour des raisons « historiques » (de 1950 à 2005, ils ont été responsables de près de 60 % des émissions de GES, alors qu'ils ne représentaient que 20 % de la population mondiale[5]), devront réduire en priorité leurs émissions de GES de 2008 à 2012. Ces 37 pays sont uniquement des membres de l'Organisation de coopération et de développement économiques (OCDE) et des pays de l'Europe de l'Est « en transition vers une économie de marché ». Dans l'autre groupe, on trouve les pays en développement — le Brésil, la Chine, l'Inde en font aussi partie — qui n'ont pas d'objectifs de réduction juridiquement contraignants. Parce qu'ils sont signataires du protocole, ces pays ont cependant des obligations, par exemple fournir des inventaires de GES, rendre compte de leurs progrès en matière de réduction des GES, etc.

L'accord signé à Kyoto va donc engager les pays industrialisés à diminuer de 5,2 %, par rapport au niveau de 1990, leurs émissions de gaz à effet de serre pour la période 2008-2012. Cet objectif global est modulé selon les pays : par exemple, il est de – 6 % pour le Canada, de – 7 % pour les États-Unis, et de – 8 % pour l'Union européenne.

Pour atteindre leurs objectifs, ces pays devront mettre en place des politiques nationales de réduction de leurs émissions de GES. Ce qui leur laisse évidemment une certaine marge de manœuvre. Mais, pour les aider à réduire le coût de leurs efforts, on a aussi prévu certains mécanismes, dont voici les principes.

## Les mécanismes de flexibilité

*• Le mécanisme d'échange de droits d'émission*

Un pays industrialisé peut acheter ou vendre ses surplus de droits d'émission dans un marché international du carbone ou dans des marchés nationaux ou régionaux.

*• Le mécanisme de développement propre (MDP)*

Un pays industrialisé peut se voir créditer des réductions d'émissions, s'il investit dans un pays en voie de développement. Ce mécanisme vise en priorité les besoins de financement du développement dans les pays du Sud.

*• La mise en œuvre conjointe (MOC)*

C'est le même principe que celui du MDP, mais l'investissement doit se faire dans un autre pays industrialisé. Ce mécanisme concerne principalement la Russie et les pays d'Europe centrale et orientale.

Certains pays et les écologistes craignaient que l'introduction de ces mécanismes ne mine les acquis écologiques du protocole. Un peu plus de dix après l'adoption de Kyoto, la plupart des experts s'entendent sur le fait que, malgré certains problèmes et quelques ratés, ces mécanismes de flexibilité ont joué un rôle positif.

J'analyserai plus en détail, dans les chapitres qui suivent, le fonctionnement des deux premiers mécanismes, mais je ne m'arrêterai pas sur le troisième (MOC), qui a été jusqu'à maintenant peu utilisé.

## Les puits de carbone

Dans le calcul même des réductions d'émissions de GES que les pays industrialisés devront respecter, on a décidé de tenir compte des puits de carbone. On définit ces derniers comme un processus ou un mécanisme qui permet d'absorber un gaz à effet de serre[6]. Par exemple, on a pu démontrer que les forêts et les sols, dont je reparlerai plus loin, ont cette capacité d'absorber du $CO_2$. Ce qui donnera lieu, on s'en doute, à de multiples marchandages.

## La ratification du protocole

Pour que le protocole ait force de loi au niveau international, il devait être ratifié par 55 pays représentant au moins 55 % des émissions de GES des pays industrialisés[7]. Il faudra attendre près de huit ans pour que soient réunies ces conditions.

Le Canada va le ratifier le 10 décembre 2002. Quand, l'année précédente, Jean Chrétien, alors premier ministre, avait enfin affirmé son intention de ratifier ce protocole, il avait soulevé une levée de boucliers de la part de provinces, comme l'Alberta, et de certaines associations industrielles, telles l'Association canadienne des producteurs de pétrole et la Chambre de commerce du Canada. Rien n'y fera. Le Parlement canadien, dans un vote symbolique, puisque la ratification de Kyoto ne nécessite qu'un décret du cabinet fédéral, adoptera le protocole de Kyoto par un vote majoritaire de 197-77 (libéraux, néo-démocrates et bloquistes voteront en faveur, l'Alliance canadienne et les conservateurs s'y opposeront[8]).

Les États-Unis signeront sous Bill Clinton le protocole, puis se désisteront en 2001, après l'accession à la présidence de George W. Bush. Ce qui provoquera un tollé général. Je dois toutefois préciser que, même si les États-Unis se sont retirés de Kyoto, ils sont toujours soumis à la Convention-cadre de Rio sur les changements climatiques, et donc encore tenus de « stabiliser les concentrations de gaz à effet de serre à des niveaux sans danger ». Mais, hélas, cette convention-cadre n'a pas le mordant juridique du protocole de Kyoto.

Contrairement à une rumeur persistante, la Chine a bien ratifié le protocole de Kyoto en août 2002, donc avant le Canada. L'Inde, le Brésil, le Mexique, l'Afrique du Sud et l'ensemble des pays en voie de développement l'ont également fait.

En 2005, le nombre de pays et le pourcentage d'émissions de GES exigés sont acquis : le protocole de Kyoto a force loi le 16 février.

## Sanctions

Le protocole de Kyoto a un caractère juridiquement contraignant et joue ainsi le rôle d'une loi internationale. À l'article 18, on trouve une disposition importante qui traite du non-respect des engagements. On y parle de sanctions possibles pour les États qui ne respecteraient pas les dispositions de l'accord, sans toutefois préciser les contraintes qui pourraient être imposées. En 2000, à la conférence de La Haye, les pays vont s'entendre sur un système d'observance des règles de ce protocole. Par exemple, un pays qui dépasse son objectif d'émissions de GES se verra en quelque sorte infliger une amende, car il devra réduire de 30 % supplémentaire ses GES après 2012. Il est évident qu'une pénalité ne pourrait s'appliquer avant cette année-là, qui constitue la date limite pour remplir une obligation de réduction des GES.

Deux agences sont chargées du suivi des engagements. Mais il faudra attendre 2013, soit après la fin de la première période de Kyoto, qui s'étend de 2008 à 2012, pour mesurer l'étendue et la robustesse du système de sanctions pour non-respect des engagements, lequel pourrait très bien faire alors l'objet de contestations devant l'Organisation mondiale du commerce.

### Les inventaires de gaz à effet de serre liés aux activités humaines

Les rapports annuels que doivent publier les États signataires du protocole incluent les données d'émissions ou les données de consommation énergétique et de production des entreprises. Ces indicateurs du climat propre à chaque pays autant que planétaire vont servir à piloter les politiques publiques.

### L'après-Kyoto

Les engagements pris à Kyoto courent jusqu'en 2012. Après cette date, on entre dans une deuxième période d'engagement du protocole, qu'on nomme souvent « l'après-Kyoto ».

## La Haye : un échec cuisant

J'arrive à La Haye en novembre 2000. La conférence qui va se tenir est la plus importante depuis celle de Kyoto : les pays présents devront parvenir à une entente sur les mécanismes de flexibilité du protocole.

Lors de la cérémonie d'inauguration de cette conférence, Robert Watson, alors président du GIEC, prononce une allocution[9] dont les conclusions sont fort peu rassurantes. Qu'on en juge par ces quelques exemples : le XXe siècle a été le siècle le plus chaud au cours des 1 000 dernières années ; on prévoit des augmentations de température de 1,5 °C à 6 °C au cours des 100 prochaines années ; nous sommes déjà entrés dans l'ère des changements climatiques, et parmi les impacts déjà observés on note le retrait des glaciers partout dans le monde, la fonte du couvert de glace dans l'Arctique et l'apparition de maladies infectieuses, comme la malaria et l'encéphalite, dans de nouvelles zones géographiques... On retrouvera ces conclusions dans le rapport du GIEC qui a été publié cette même année et dont j'ai fait mention précédemment.

À la lumière de cette présentation, nous étions en droit de nous attendre à ce que l'ensemble des pays présents cherchent, par tous les moyens possibles, à conclure un accord qui maximiserait la protection du climat et les réductions des émissions de GES nécessaires pour renverser la tendance des changements climatiques qui prévalait alors.

La réalité a été tout autre.

Les considérations écologiques et l'efficacité du protocole de Kyoto ont été reléguées au second plan, loin derrière les considérations économiques. Le Canada s'est fait, par ailleurs, le chantre du nucléaire, à l'étonnement de tous les pays de l'OCDE…

La question des puits de carbone va constituer un autre point litigieux au cours de ces négociations. Elle les fera même dérailler à la dernière minute. Le système sur lequel portaient alors les discussions prévoyait que des crédits de carbone seraient comptabilisés lors d'une activité de reboisement. C'était là une faille importante, car on ne comptait que les arbres plantés, et non les arbres coupés! Or le fait de ne pas tenir compte du déboisement constitue une puissante incitation à la coupe massive de forêts anciennes (j'y reviendrai plus loin en détail en abordant la question de la reforestation).

Pour la première fois dans l'histoire de ces rencontres, des négociations vont achopper et la capacité des pays à s'entendre sur une conclusion sera mise en doute. Un échec difficile à encaisser.

## Johannesburg : que fait un militant de ses journées dans une négociation internationale ?

Sept ans après ma première présence à une négociation internationale, je pars à Johannesburg pour représenter Greenpeace au Sommet de la Terre en 2002.

Mon premier contact avec l'Afrique du Sud se fera avec l'aide d'innombrables bénévoles (des dizaines de milliers, selon les organisateurs). À ma descente d'avion, l'un d'eux me prend littéralement par la main, me bombarde d'informations logistiques, toutes nécessaires à mon séjour, et me met dans un taxi qui me conduit à un hôtel.

Le travail commence quelques heures après, par une rencontre avec la délégation de Greenpeace. On nous y détaille les différentes activités de la semaine, les rôles et responsabilités de chacun et le fonctionnement de la délégation au cours du sommet. Grâce à mon expérience des rencontres internationales, je suis affecté à l'équipe de négociations de Greenpeace.

Après la réunion journalière du matin, le lendemain à 7 h 30, il faut que j'obtienne auprès des Nations Unies mon accréditation à titre d'observateur, nécessaire pour participer à la conférence officielle. Je dois aussi établir les indispensables contacts avec les journalistes canadiens qui sont sur place.

Dès le début de la conférence officielle, il devient vite évident, pour les représentants des ONG présentes, que la rencontre va être sabotée et qu'il sera difficile de faire progresser les causes écologiques. Sabotée par qui ? Essentiellement par les forces regroupées derrière l'Organisation mondiale du commerce (OMC), soit les pays producteurs de pétrole, le lobby de grandes entreprises, comme Exxon (ou Esso au Canada), le lobby du charbon, etc. Et force est de constater qu'il s'agit, pour certains d'entre nous, de nos propres gouvernements (Canada, États-Unis, Japon, etc.).

Ce sabotage a clairement pour objectif d'assujettir tout accord international sur l'environnement aux normes de l'OMC, une catastrophe pour les écologistes : il faudrait désormais passer sous le joug de l'OMC pour appliquer des accords comme celui de Kyoto.

J'ai quand même de quoi me réjouir quelques jours plus tard, lorsqu'une coalition de pays menée par le Brésil finit par proposer que la production d'énergie issue de sources renouvelables « émergentes » (énergie solaire, éolienne, géothermique, etc.) passe à 10 % de la production totale d'ici 2010. Il s'agit là d'une augmentation de près de 500 %! Les ONG s'en félicitent, le Canada, malgré l'avis favorable de nombreux experts internationaux, l'accueille plutôt frileusement.

Les États-Unis et les pays producteurs de pétrole vont multiplier les pressions. Tant et si bien que, deux jours avant la fin de la conférence, non seulement la proposition brésilienne sera écartée, mais aucun objectif précis ne sera adopté pour les sources d'énergie renouvelables, pas plus d'ailleurs qu'une définition adéquate de ces sources d'énergie. Pour l'ensemble des ONG, l'un des éléments fondamentaux des négociations vient de s'envoler.

Les quelque 10 jours que durera la rencontre donneront lieu à de véritables montagnes russes d'émotions! L'un des moments forts va se produire au cours d'une nuit, lorsque la référence à la primauté des règles de l'OMC sur les accords écologiques sera enfin retirée du texte en négociation!

## Milan : bon anniversaire, monsieur Poutine!

En 2003, il manquait encore des signatures pour donner force de loi au protocole de Kyoto.

On vient de voir qu'en 2001, à peine installé à la Maison-

Blanche, George W. Bush avait décidé de se retirer de Kyoto. Les États-Unis étant alors le principal pays émetteur de GES dans le monde (25 % des émissions à lui seul), il fallait d'urgence combler leur place : la ratification de la Russie devenait essentielle.

En 2003, alors que je travaillais pour Greenpeace, j'ai coordonné une série d'actions au cours desquelles des représentants d'une vingtaine de bureaux de Greenpeace à travers le monde se sont présentés devant les ambassades et les consulats russes, le jour anniversaire des 50 ans de Vladimir Poutine, afin de demander au président russe de ratifier le protocole de Kyoto.

Et voilà qu'à la conférence de Milan, tenue la même année, Poutine exauce nos vœux : il annonce qu'il ratifiera le protocole dès 2004…

## Montréal : on défile dans le froid

Pourquoi sommes-nous presque unanimes à dire que la conférence tenue à Montréal en 2005 a été l'une des plus importantes depuis Kyoto ? Parce que, pour la première fois, toutes les décisions prises depuis la signature de Kyoto en 1997 allaient enfin devenir officielles : le protocole venait d'obtenir les signatures nécessaires à sa mise en œuvre et pouvait désormais avoir force de loi. À Montréal, des textes juridiques et techniques de centaines de pages devaient être adoptés. Ce qui sera fait dès la deuxième journée de la rencontre[10], et à l'unanimité. Cet exploit, on le doit en grande partie, je le reconnais, à Stéphane Dion et à son équipe, qui avaient organisé précédemment un vrai ballet de rencontres diplomatiques !

La route vers Kyoto 2 s'ouvre à Montréal. Comme des centaines d'autres délégués d'ONG, je l'ai vaillamment suivie.

Les nombreuses activités organisées en marge de la conférence se terminent par une grande marche qui attire quelque 30 000 personnes dans un froid sibérien. Et, pour une fois, on ne vient pas manifester *contre* quelque chose, mais bien *pour* appuyer une rencontre internationale. Plusieurs de mes collègues de l'étranger me confieront que, depuis le début des négociations, ils n'ont jamais rien vu de tel.

Cette conférence constitue également pour moi un moment privilégié, puisque je suis choisi par l'ensemble des ONG pour préparer et prononcer, devant les Nations Unies, un discours au nom de tous les groupes écologistes de la planète[11].

# CHAPITRE 2

# La Bourse du carbone

Réduire les émissions de gaz à effet de serre, soit. Tous les pays signataires du protocole de Kyoto en sont convenus. Pour faciliter les choses et aider leurs entreprises, sinon tous leurs systèmes de production, à être moins polluants et plus efficaces, ces mêmes pays, on l'a vu précédemment, ont prévu un programme d'échange de droits d'émissions de carbone, qu'on appelle plus couramment une Bourse du carbone. Ce qui n'a pas été sans susciter de fortes discussions entre les principaux pays émetteurs, discussions qui portèrent sur le choix même de ce « mécanisme de flexibilité » et sur ses applications. Si certains pays, comme ceux de l'Union européenne, l'ont assez rapidement mis en place, d'autres, les États-Unis et le Canada par exemple, traînent ou avancent très timidement, c'est selon… Ce qui étonne, c'est que les plus lents sont ceux-là mêmes qui le défendaient mordicus.

Aujourd'hui, des voix de plus en plus fortes se font entendre pour remettre en question cette Bourse du carbone et demander qu'on passe à des formules plus contraignantes, ou du moins que la Bourse du carbone ne devienne pas une fin en soi, mais bien un mécanisme, parmi d'autres, pour réduire les émissions de GES.

## Comment fonctionne une Bourse du carbone ?

Elle fonctionne sur le même mode que la Bourse de Montréal, de New York ou de Tokyo et avec les mêmes outils financiers. Toutefois, ce qu'on y négocie, ce ne sont pas des actions, mais bien des réductions d'émissions de $CO_2$. Pratiquement, comment les choses se passent-elles ?

Un gouvernement, voire un groupe de pays comme l'Union européenne, décide d'un « plafond[1] » d'émissions. Il s'agit d'une quantité maximale de GES, exprimée en tonnes de carbone ou en tonnes d'équivalent $CO_2$, qu'une entreprise est autorisée à émettre au cours d'une année. Ce même gouvernement va ensuite descendre progressivement ce plafond pour accroître la pression sur les grands pollueurs émetteurs de GES et favoriser ainsi l'émergence d'une économie de moins en moins polluante.

Plusieurs options vont s'offrir à l'entreprise à laquelle on a imposé un plafond. Si elle arrive à réduire ses émissions de GES en deçà du plafond fixé, on lui accorde des crédits qu'elle pourra mettre en vente dans le marché du carbone. Si elle dépasse le plafond d'émissions de GES, elle doit acheter des crédits qui l'autoriseront à émettre ce surplus de $CO_2$. Ces achats se font dans ce même marché. Le prix de ces crédits va, bien entendu, dépendre de l'offre et de la demande. Enfin, dernière option, si l'entreprise dépasse son quota d'émissions de GES et qu'elle n'achète pas de crédits, on lui impose une amende.

Un tel mécanisme de marché n'avait pas fait l'unanimité dans les négociations de Kyoto, et les différentes positions à son sujet s'étaient rapidement cristallisées.

Dans le coin gauche, les pays de tendance sociale-démocrate (France, pays scandinaves, Allemagne, entre autres) privilégiaient l'intervention de l'État et la mise en place de mesures plus contraignantes, comme une taxe sur le carbone, ou encore l'imposition d'objectifs visant à augmenter l'efficacité énergétique de l'économie ou des voitures. Certaines de ces mesures avaient déjà cours dans plusieurs pays européens depuis le début des années 1990. La Norvège, par exemple, avait mis en place une taxe sur le carbone en 1994, ce qui est remarquable quand on sait que ce pays est le troisième exportateur de pétrole de la planète, après l'Arabie saoudite et la Russie !

Ce système de taxation, aux yeux des Européens, avait l'avantage d'être simple dans son application autant que dans sa gestion. Il fallait bien sûr décider quels seraient les secteurs de l'économie qui devraient s'y soumettre, à combien fixer la taxe, comment utiliser les revenus générés, etc.

Dans le coin droit, les pays prônant le libéralisme économique — les États-Unis, la Grande-Bretagne, l'Australie et le Canada — favorisaient ce système de Bourse du carbone qui, *a priori*, devait laisser une grande place au libre marché et minimiser l'intervention de l'État. Car, pour ces pays, tout mécanisme ayant un caractère réglementaire et interventionniste posait problème. Et, même si l'on ne l'a jamais mentionné, il était clair que, dans plusieurs pays, de telles mesures ne passeraient pas, électoralement parlant. Les Américains proposeront ensuite la notion de crédits négociables, qui sera finalement acceptée par tous. On pourra quand même noter que les États-Unis ont lié l'instauration d'une Bourse du carbone à leur ratification du protocole…

## Le système européen de « plafond et échange »

La pionnière dans la mise en place d'une Bourse du carbone obligeant les grands pollueurs à se soumettre à une réglementation a été l'Union européenne, qui avait pourtant annoncé à Kyoto qu'elle n'utiliserait pas ce mécanisme de marché, trop libéral à son sens.

L'Union européenne crée donc en 2005 son propre système de Bourse, le *European Trading Scheme* ou ETS, qui régit le marché européen du carbone. Les autorités européennes fixent, pour chacun des pays membres de l'Union, des réductions obligatoires d'émissions de GES sur une période de temps donnée. Puis chaque pays établit les objectifs pour ses entreprises nationales dont on constate qu'elles sont de grandes émettrices de GES. Les objectifs de réduction assignés à l'Europe par le protocole de Kyoto sont de l'ordre de 8 % pour la période 2008-2012.

Au lancement de l'ETS, un crédit était transigé à 30 $ US. En 2007, il chute à 10 $ US. Cet effondrement du prix de la tonne de carbone résulte directement d'une erreur des autorités européennes, qui ont admis avoir émis trop de permis de carbone. Si l'on octroie à une entreprise un permis d'émettre 100 000 tonnes de $CO_2$ alors que, dans les faits, elle n'en émet que 95 000 tonnes, il est bien évident qu'elle n'aura besoin ni d'apporter des innovations technologiques pour réduire ses émissions de $CO_2$ ni d'acheter des crédits de carbone.

## Les grands absents

Le Canada, les États-Unis, l'Australie et le Japon s'étaient faits les ardents défenseurs de ce système. Et pourtant, aucun d'eux ne l'a encore réellement mis en application.

Les États-Unis, même s'ils se sont retirés du protocole de Kyoto, manifestent une certaine volonté de mettre en place une Bourse du carbone dans un avenir prochain : la Chambre des représentants (mais pas encore le Sénat) a en effet adopté en juin 2009 un projet de loi en ce sens.

Quelques initiatives régionales de Bourses « vertes » ont aussi été mises sur pied ou sont en voie de l'être. Par exemple, le Western Climate Initiative (WCI), un regroupement d'États américains et de provinces canadiennes (le Québec en fait partie), travaille à l'instauration de son propre système de « plafond et échange[2] ». Les Bourses du carbone « volontaires » de Montréal et de Chicago constituent aussi des exemples intéressants. Les initiateurs de ces projets ont ainsi convaincu un certain nombre d'entreprises de participer, sur une base volontaire, à ce projet[3].

Voilà donc pour la quincaillerie.

## Pour ou contre la Bourse du carbone ?

Le débat sur ce système et sur son orientation économique très néolibérale peut donc commencer, étant bien entendu que je devrai circonscrire cette réflexion à ses composantes essentielles ou, du moins, à celles dont j'estime qu'elles le sont.

Auparavant, je dois faire deux mises en garde. D'une part, je ne me sens ni la volonté ni les capacités de finaliser ce débat. Compte tenu de la complexité du sujet, ce serait tout à fait prétentieux de ma part. D'autre part, la remise en question du système dit de « plafond et échange » n'est pas du tout à l'ordre du jour des rencontres internationales à venir, et je ne vois rien au radar qui pourrait changer cela. Ce qui ne constitue pas, j'en conviens, une raison pour ne pas en faire l'examen.

La première chose qui frappe quand on considère cette Bourse du carbone, c'est la contradiction essentielle qu'elle comporte. En effet, comme le dit très clairement l'économiste Nicholas Stern, les changements climatiques sont le résultat de la plus importante faillite des mécanismes de marché de tous les temps[4]. Ce à quoi Stern fait référence ici, c'est l'incapacité du marché de prendre en compte les coûts de la pollution en général, et de la pollution atmosphérique en particulier, pour fixer les prix dans le marché. On pourrait aussi dire que le fait qu'une entreprise puisse polluer un cours d'eau impunément, sans avoir à en assumer le coût, est un signe certain de la déficience de ce marché. Venant de l'ancien économiste en chef de la Banque mondiale, le constat est peut-être brutal, mais il est parfaitement exact.

On semble donc prendre conscience des limites inhérentes aux mécanismes de marché — la Bourse du carbone prévue dans le protocole de Kyoto en est un —, et ce changement de cap commence à produire des retombées concrètes. Ainsi, en Californie, deux représentants démocrates ont soumis un projet de loi pour que l'utilisation des mécanismes de marché en vue de réduire les émissions de GES soit très sérieusement limitée. On prévoit donc, d'une part, de supprimer carrément les achats de crédits de carbone certifiés par les mécanismes de Kyoto et, d'autre part, s'il fallait maintenir un mécanisme de compensation, de sévèrement contingenter tout recours aux crédits de carbone sur le marché local ; enfin — et je tiens à souligner l'importance de ce qui suit —, on rendrait obligatoire l'achat de crédits de carbone générés par des projets rapportant des bénéfices pour l'environnement et la santé publique.

Aux États-Unis, cette volonté de réformer le marché du carbone ne vient pas de la seule Californie. Au niveau fédéral, en février 2008, le Congressional Budget Office (CBO), un bureau de recherche au service des parlementaires américains, conclut une longue étude sur la question en affirmant que l'imposition d'une taxe sur le carbone serait environ cinq fois plus efficace qu'un système de crédits et d'échange semblable, par exemple, à celui qui est actuellement en vigueur en Europe[5]. Le message est clair : en matière de réduction des émissions de GES, l'intervention de l'État est de loin préférable aux mécanismes de marché qui font fonctionner les Bourses du carbone.

## Une nouvelle ère ?

Une des prises de position les plus surprenantes sur cette question est sans conteste celle de Tony Blair. Selon l'ancien premier ministre de la Grande-Bretagne, les mécanismes de marché peuvent certes jouer encore un certain rôle pour réduire les émissions de GES, mais leur efficacité n'est pas concluante. Il faut donc explorer de nouvelles avenues et procéder autrement. Ainsi, 70 % de la réduction des émissions de GES nécessaires d'ici 2020 pourrait être obtenue si l'on investissait dans trois domaines : l'amélioration de l'efficacité énergétique, la réduction de la déforestation et enfin les sources d'énergie renouvelables[6].

Ce qui est assez étonnant de la part de Tony Blair, c'est que, parmi les sept mesures-clés qui déclinent ces trois axes stratégiques, toutes, sauf une, relèvent de décisions politiques : la Grande-Bretagne n'est pourtant pas connue pour être l'adepte la plus fervente des politiques interventionnistes…

Le président français Nicolas Sarkozy, qui dirige pourtant un gouvernement de droite, n'est pas en reste puisqu'il se fait aujourd'hui le champion de la taxe sur le carbone. En juillet 2009, devant les deux chambres réunies en Congrès à Versailles, il a déclaré sans ambages sa volonté de faire adopter une taxe sur le carbone, soit, en d'autres mots, de taxer la pollution afin d'alléger les charges pesant sur le travail et sur la production en général.

À ma connaissance, aucun chef d'État n'est allé aussi loin dans l'expression de son soutien à une réforme de la fiscalité, réforme que de plus en plus d'économistes perçoivent comme l'élément central d'une volonté de changer le modèle de développement.

Nous entrons dans une nouvelle ère. L'époque historique où « tout doit passer par le marché » touche à sa fin. Aujourd'hui, collectivement, nous réussissons enfin à sortir du néolibéralisme qui, il y a vingt ans à peine, triomphait à l'occasion de la chute du mur de Berlin. Et il n'est pas impossible que cette distance prise à l'égard des mécanismes de marché prévus au protocole de Kyoto s'inscrive dans cette nouvelle ère.

# CHAPITRE 3

# Le mécanisme de développement propre

L'un des grands défis de la lutte contre les changements climatiques est d'éviter que le développement accéléré de certains pays émergents, comme la Chine, l'Inde, la Turquie, le Mexique, le Brésil et l'Afrique du Sud, se fasse selon le même modèle industriel que celui qu'ont adopté les pays industrialisés depuis 1850, c'est-à-dire un modèle basé sur les combustibles fossiles (charbon et pétrole).

Pour permettre, donc, à ces pays et à ceux qui sont encore en voie de développement d'accéder à un développement « durable », pour aider aussi les pays industrialisés à diminuer leurs émissions de GES et à atteindre plus facilement les objectifs qu'ils s'étaient imposés, les pays signataires du protocole de Kyoto ont prévu et mis en place un système qu'on appelle le mécanisme de développement propre (MDP).

Comme le fait la Bourse du carbone, ce mécanisme fonctionne sur la base d'échanges de crédits de carbone. Il vise toutefois principalement le transfert de technologies et le renforcement des réductions d'émissions de GES dans les pays en voie de développement. Ainsi, des entreprises du

Nord fournissent des technologies propres, ou du savoir-faire, à des entreprises de pays en voie de développement ; en échange, elles portent à leur propre compte les crédits de carbone générés par ces investissements.

L'entreprise d'un pays du Nord qui bénéficie de ces crédits venus du Sud peut les garder si elle est en déficit par rapport à son propre quota de réduction. Au contraire, si elle est en surplus, elle pourra les vendre dans le marché du carbone.

J'estime important de rappeler ici les antécédents de ce mécanisme de développement propre. Sa version finale, qu'on trouve dans le protocole de Kyoto, diffère en effet assez radicalement de la première mouture et témoigne d'une frilosité certaine des pays industrialisés envers leurs engagements en matière de réduction de GES et leur responsabilité à l'égard des pays en voie de développement. À l'origine, donc, le Brésil, profitant des négociations qui devaient mener à l'adoption du protocole de Kyoto, avait proposé la création d'un fonds international où seraient versées les amendes imposées aux pays du Nord, comme le Canada, qui ne respecteraient pas leurs engagements de Kyoto, selon le principe du pollueur-payeur. On se serait ensuite servi de ce fonds pour financer des projets visant à réduire les émissions de GES dans les pays du Sud. Cette proposition était intéressante dans la mesure où elle donnait une dimension beaucoup plus contraignante aux engagements des pays émetteurs de GES.

Si l'on peut considérer l'actuel MDP comme une altération de la proposition brésilienne, il faut malgré tout constater qu'il a été allègrement mis en application : les investissements dans les pays en développement sous la bannière du

MDP sont passés de 100 millions de dollars en 2002 à près de 5 milliards en 2008, c'est-à-dire qu'ils ont été multipliés par 50, ce qui n'est évidemment pas négligeable et démontre l'engouement pour la lutte contre les changements climatiques. Pendant les six premiers mois de l'année 2009, 1 400 projets ont été approuvés dans le cadre du MDP. Ils totalisent plus de 40 000 MW de production d'électricité (un peu plus que l'équivalent de la production d'Hydro-Québec) et permettent de réduire les émissions de GES de 200 millions de tonnes de $CO_2$ sur une base annuelle, ce qui correspond presque à la moitié de l'objectif de Kyoto pour le Canada. Actuellement, 4 000 projets sont en attente d'approbation dans le cadre du MDP[1].

Le fonctionnement même du MDP pose pourtant un certain nombre de problèmes, qui avaient d'ailleurs été soulevés très tôt, avant même que les règles d'application de ce mécanisme ne soient adoptées en 2003 à Marrakech.

## Des incohérences de fonctionnement

La définition des technologies pouvant être reconnues en vertu de ce mécanisme pose en soi un problème. La question qui suit peut paraître banale, mais elle est d'une grande complexité : que fera-t-on, par exemple, d'un projet dans lequel une entreprise du Nord propose une technologie de charbon « plus propre » à un pays du Sud, technologie qui permettrait de réduire les GES ? Le charbon peut-il vraiment être considéré comme un facteur contribuant au développement durable ?

La question se pose aussi pour le nucléaire. Le Canada s'est longtemps entêté à vouloir faire reconnaître l'énergie nucléaire comme une technologie propre, ce qui donnera lieu à des négociations serrées. Même les grands exportateurs de réacteurs nucléaires, comme la Grande-Bretagne et l'Allemagne, avaient accepté d'exclure le nucléaire du MDP. Pourquoi cette insistance du Canada pour défendre le nucléaire ? Sans doute parce qu'il est un des plus grands producteurs d'uranium au monde et que le lobby du nucléaire au Canada est très puissant. Le Canada finira par se rallier en 2001, lors de la conférence de Bonn, en exigeant toutefois de l'Europe qu'elle accepte une concession majeure : la reconnaissance des puits de carbone comme facteur déterminant dans la lutte contre les émissions de GES.

Outre la question des technologies, l'autre problème de taille est celui de l'opérationnalisation du MDP. Dans les années qui ont suivi l'adoption de Kyoto, les Nations Unies ont créé toute une série de comités de suivi, des groupes de travail et un conseil d'administration du MDP. Le rôle de ce dernier consiste à approuver les projets qui lui sont soumis, à s'assurer que les démarches suivies par les promoteurs (gouvernements, entreprises, groupes locaux) sont conformes et à vérifier que la méthodologie va bel et bien conduire à des réductions d'émissions. Vous imaginez tout le travail nécessaire pour réaliser ce mandat ambitieux ! Pendant plusieurs années, le comité chargé de la mise en œuvre des projets relevant du MDP n'a disposé que de cinq employés. Cinq personnes ! Il est bien évident que ce comité n'arrivait tout simplement pas à approuver les projets dans des délais raisonnables, ce qui évidemment en décourageait les promoteurs.

Certains diront que, pour éliminer cette surcharge de travail, il suffisait que l'ONU embauche un personnel plus nombreux… Mais c'est là que le bât blessait : pour engager davantage de personnel, l'ONU avait besoin d'un financement additionnel, et ce financement lui avait été refusé. Doit-on rappeler que la dette des États-Unis envers l'ONU s'élevait, autour des années 2000, à plus d'un milliard de dollars américains ? La situation a cependant été corrigée au cours des dernières années, et on peut constater une accélération du fonctionnement de ce fonds.

Quelques problèmes subsistent cependant, dont celui de la répartition régionale des investissements. Selon la Banque mondiale, la Chine s'est taillée la part du lion : elle a accaparé trois des cinq milliards investis dans ces projets relevant du MDP. L'Afrique n'a, elle, bénéficié que de 150 millions.

Comble du ridicule, la Corée du Sud, qui est bel et bien un pays industrialisé mais qui est toujours considéré comme un pays en voie de développement par Kyoto, s'est vu octroyer près de 14 % de tous les projets relevant du MDP, un non-sens car ces projets, et les investissements qui y sont rattachés, auraient dû bénéficier à des pays qui en ont réellement besoin.

Il y a donc manifestement ici un problème d'équité que le MDP n'a pas été en mesure de régler jusqu'à maintenant.

Ce n'est pas tout. Et ce qui suit est peut-être le plus grave…

Pour se qualifier, les projets soumis aux instances du

MDP doivent être conformes au critère de « l'additionna-
lité ». Un projet ne peut être financé par le MDP que s'il
mène à une réduction des émissions de GES qu'on n'aurait pas pu obtenir sans l'intervention du MDP. Cette règle,
qui peut sembler nébuleuse, vise à assurer que l'ONU ne
finance pas des projets qui devaient se réaliser de toute
façon. Ce qu'on cherche, c'est d'inciter dirigeants, promoteurs et communautés concernés à agir spécifiquement
pour lutter contre les changements climatiques. Tant mieux
si les projets visés ont des retombées secondaires (allège-
ment de la pauvreté, création d'emplois, atteinte des objectifs du Millénaire, etc.) autres que la réduction des GES,
mais ce n'est qu'un plus.

Ainsi, de nombreux critiques pensent que de multiples
projets ont valu aux investisseurs des crédits de carbone,
alors que de toute façon ces projets, même sans le soutien du
MDP, auraient été menés à terme. Ce serait le cas de plusieurs projets de barrages hydroélectriques, réalisés notamment en Chine, et d'au moins un important projet de parc
éolien, chinois lui aussi.

Un autre exemple éclairant des ratés du fonctionnement du MDP est celui d'une usine de destruction de
gaz réfrigérants en Chine. Il faut bien se rappeler que les gaz
réfrigérants du type HFC ont un potentiel de forcement
radiatif considérable et qu'ils contribuent ainsi au réchauffement planétaire. Le MDP a investi dans cette usine quelques
centaines de millions de dollars en se basant sur un double
calcul : d'abord sur le prix de la tonne de $CO_2$ en vigueur
dans le marché du carbone, ensuite sur le nombre de tonnes
de $CO_2$ qu'on évitait, en les brûlant, de relâcher dans l'atmo-

sphère. Le problème, c'est que le coût réel des travaux était de l'ordre de dizaines de millions, pas de centaines. Les autorités chinoises ont ainsi empoché la différence et ont toujours refusé de garantir qu'elle serait investie dans des projets de lutte contre le réchauffement climatique[2].

On peut donc clairement espérer que les règles d'application du MDP seront revues dans un avenir proche. D'après ce qu'on sait par ailleurs, la Commission européenne est fortement tentée de mettre les points sur les i. En janvier 2008, elle a étudié un scénario pour amoindrir l'importance du MDP. Si la conférence de Copenhague prévue en décembre 2009 n'accouche pas d'un successeur à Kyoto, elle recommandera de faire plafonner les investissements du MDP au niveau atteint à cette date. Dans le cas où la conférence Copenhague donnerait naissance à un rejeton vigoureux, elle consentirait à une croissance modeste du MDP.

## Le MDP, parent pauvre du protocole de Kyoto

Un dernier aspect du MDP doit être souligné, et ce n'est pas le moins intéressant. Un peu à l'exemple de cette taxe dont on parle de façon récurrente, la taxe Tobin (du nom du professeur américain James Tobin, Prix Nobel d'économie, qui avait suggéré en 1972 de taxer l'ensemble des transactions monétaires internationales), le MDP a ouvert, mais beaucoup plus timidement, une avenue intéressante autour de cette question. On impose en effet des frais de transaction de 2 % pour chaque projet approuvé dans le cadre du MDP.

Ces frais sont versés dans un fonds d'aide à l'adaptation aux changements climatiques, notamment pour les pays les moins avancés — *Least Developed Countries,* en anglais (j'en reparlerai en abordant la question de la justice climatique).

Quand on le compare à la Bourse du carbone, le MDP fait figure de parent pauvre. C'est celui qui génère le moins de projets, donc le moins de transactions financières, dont 2 % sont investis dans les transferts technologiques vers les pays qui en ont le plus besoin… L'alimentation du fonds d'aide à l'adaptation aux changements climatiques est en conséquence elle aussi insuffisante. Ce qui, malheureusement, reflète bien les inégalités et le déséquilibre persistants entre pays du Nord et pays du Sud, qu'une réelle justice climatique, entre autres, devra un jour éradiquer. À plus court terme, on peut espérer que se concrétisera la proposition de certains pays du Nord et du Sud en vue d'étendre la perception de frais à l'ensemble des transactions financières liées au carbone. Dans le site Internet *Point Carbon,* un site reconnu pour sa rigueur et sa crédibilité, on note qu'une telle extension permettrait de cumuler des fonds de plus de 2 000 milliards de dollars américains en 2020[3].


## Le nucléaire peut-il jouer un rôle dans la lutte contre les changements climatiques ?

Ma réponse est non, et sans la moindre nuance.

Le nucléaire représente actuellement environ 7 % de la production mondiale d'électricité. Selon un scénario du

GIEC, 46 % de l'énergie mondiale serait produite par la filière nucléaire d'ici 2100. On compterait alors 10 fois plus de réacteurs nucléaires qu'aujourd'hui et on aurait à traiter 3,3 millions de tonnes de déchets nucléaires, dont 50 à 100 millions de kilos de plutonium.

L'industrie nucléaire a rapidement vu, dans les négociations sur les changements climatiques, l'occasion idéale pour redorer son blason auprès de l'opinion publique. Comment y parvenir ? En présentant le nucléaire comme une source d'énergie qui n'émet pas de GES.

En théorie, les défenseurs du nucléaire ont raison : la production d'électricité à partir de substances radioactives comme l'uranium n'émet effectivement pas de GES. Toutefois, lorsqu'on étudie l'ensemble du cycle de vie du nucléaire (construction des centrales, extraction et raffinage de l'uranium, transport, etc.), le portrait est bien différent. Et n'est pas incluse ici toute la question de la pollution radioactive liée à l'énergie nucléaire.

Il faut aussi se rappeler qu'il n'existe toujours pas de solution permanente au problème délicat des déchets nucléaires.

Dans le cas du Canada, il y a bien sûr la proposition d'enfouir les déchets radioactifs dans le Bouclier canadien, en souhaitant que, d'ici plusieurs siècles, aucun problème ne surgisse... De toute façon, cette solution est discutée depuis plus de dix ans sans qu'on puisse arriver à un accord.

De plus, il s'agit d'une source d'énergie non renouvelable, puisque cette énergie est produite à partir de l'uranium, une substance plutôt rare et principalement produite

# CHAPITRE 4

# La reforestation

Les forêts sont de formidables pompes à carbone, puisque leur nourriture, c'est justement le $CO_2$. On comprend donc que, dans la lutte pour stabiliser les émissions de GES — le temps presse — et pour amorcer leur décroissance, la reforestation constitue un secteur d'intervention prioritaire. Il s'agit là bien évidemment d'un énorme chantier : les taux d'émission de GES produits par la déforestation et la dégradation des forêts sont faramineux et les activités de reboisement sont lentes à se mettre en place.

## Déforestation et dégradation des forêts

Le phénomène de régression des surfaces couvertes de forêts résulte du déboisement, puis du défrichement. Il s'agit de pratiques et de processus qui conduisent à utiliser à des fins non forestières des terres couvertes de forêts. On parle de déforestation quand la réduction du couvert forestier ramène celui-ci à une densité inférieure à 10 % par hectare.

Deux autres phénomènes ont aussi des effets pour le moins inquiétants : il s'agit de la dégradation des forêts et de ce qu'on appelle les changements d'utilisation du territoire (par exemple, transformer une forêt en vastes pâturages pour l'élevage des bovins qu'on retrouvera dans les hamburgers de McDonald, ou encore transformer des terres agricoles en stationnements pour centres commerciaux). On considère que la déforestation, la dégradation de la forêt ainsi que les changements de l'utilisation du territoire sont responsables de 20 % des émissions de GES planétaires. Il s'agit donc d'une contribution majeure au réchauffement, supérieure à celle de tout le secteur des transports de la planète — routier, aérien et maritime !

Si l'on inclut le phénomène de dégradation des forêts dans les inventaires d'émissions de GES, le Brésil monte dans l'échelle des pays qui émettent le plus de GES : du 8e rang, il passe au 5e rang. Le cas de l'Indonésie est encore plus frappant puisqu'elle passe du 16e au 4e rang de cette même échelle[1].

Les pays piétinent encore sur la question de la déforestation, plus précisément sur la façon de compenser sous forme de crédits de carbone la réduction de la déforestation dans les pays en voie de développement.

### Le Canada est dans la ligne de mire de la communauté internationale

L'attitude de certains pays n'a vraiment pas facilité les choses non plus. Le Canada, par exemple, demandait d'importants crédits de carbone pour l'absorption du $CO_2$ par la forêt boréale, au moment même où de vastes superficies de forêts canadiennes partaient en fumée, victimes du réchauffement ou d'insectes nuisibles comme le dentrochtone du pin *(Asian Longhorn Beetle)*. À ce sujet, d'ailleurs, et ironie du sort, on sait maintenant que cette espèce n'est désormais plus freinée par la barrière naturelle des montagnes Rocheuses : les températures minimales n'y sont plus assez froides pour stopper son expansion !

À la conférence de Poznan tenue en 2008, le Canada a, encore une fois, subi les foudres de la communauté internationale lorsqu'il s'est opposé à ce que le texte en négociation sur la réduction de la déforestation fasse référence aux droits des peuples autochtones[2]. Phil Fontaine, alors chef de l'Assemblée des Premières Nations, s'était insurgé contre une telle attitude, déclarant inacceptables les agissements du Canada, dont le dessein était bien de miner les droits des peuples autochtones dans le monde entier[3].

Il n'est pas inutile de rappeler que le Canada est l'un des rares pays, avec les États-Unis et la Nouvelle-Zélande, à ne pas avoir ratifié la Convention de l'ONU sur les droits des peuples autochtones… Ceci explique cela.

Je ne veux cependant pas être trop sévère sur la question des stratégies à adopter pour stopper la déforestation, car je dois bien admettre qu'elle est d'une complexité assez prodigieuse.

Aujourd'hui, la communauté internationale considère qu'elle n'a plus vraiment d'autre choix et qu'elle doit aborder de front cette importante problématique. Elle est aidée en cela par les pays qui possèdent des forêts tropicales de grandes superficies et qui cherchent à faire reconnaître les efforts réalisés pour ralentir les émissions dues au déboisement. Ces pays sont à l'origine de la Coalition des pays de forêts tropicales (Rainforest Coalition Membership — RCM), qui regroupe des pays d'Afrique, d'Amérique latine, d'Amérique centrale, des Caraïbes et d'Océanie[4]. On aura remarqué l'absence de joueurs majeurs dont l'Indonésie et le Brésil, qui mènent leurs initiatives séparément, chacun de son côté.

L'Association de biologie tropicale et de conservation, dont le siège social est à Washington, a calculé que, pour l'année 2005 et au prix de 20 $ US la tonne de $CO_2$, les pays membres de la Coalition recevraient environ 1 100 milliards de dollars américains en crédits de carbone pour les émissions évitées et la rétention de $CO_2$.

Voilà un pactole intéressant au chapitre de l'aide au développement! C'est également un bel exemple de projet « gagnant-gagnant ». On ne sera donc pas surpris d'apprendre que Wangari Maathai, la fondatrice du Green Belt Movement, est une farouche partisane de ce projet!

Tout le problème réside cependant dans les modalités : par exemple, quels mécanismes doit-on instituer pour que les sommes versées soient effectivement utilisées pour sauvegarder et entretenir la forêt ? Quel mécanisme de supervision doit-on mettre en place ? Comment peut-on s'assurer — et la chose est de toute première importance — que les peuples autochtones qui habitent la forêt et qui en sont, en quelque sorte, les gardiens bénéficient de cette manne et que leurs droits soient respectés ?

La conférence de Bali tenue en 2007 a planché sur la question de la déforestation et a donné à son organisme consultatif sur les questions technologiques et scientifiques le mandat de réfléchir à la réduction des émissions liées à la déforestation et à la dégradation forestière (REDD). L'ONU a mis sur pied un programme UN-REDD[5]. Comment ce programme fonctionne-t-il ? On attribue d'abord aux forêts une valeur financière basée sur leur capacité de stockage du carbone. En tenant compte de cette valeur, les pays développés vont aider financièrement les pays en développement pour leur permettre de réduire les émissions causées par la déforestation et la dégradation de leurs forêts. Pour les pays donateurs, l'avantage est d'obtenir des crédits d'émissions en grande quantité, qu'ils pourront ensuite échanger dans le marché de la Bourse du carbone. Le fait de définir la valeur financière des forêts suscite cependant de nombreuses inquiétudes, dans les communautés autochtones et locales en particulier, communautés dont les droits fonciers ne sont pas toujours clairement établis. Cette question devrait faire encore l'objet de discussions dans les prochaines conférences internationales.

Ce chantier s'est déjà mis en branle sous les auspices de la Banque mondiale, qui a réuni neuf pays industrialisés, les bailleurs de fonds, et 14 pays en développement[6] pour former le Forest Carbon Partnership Facility (FCPF[7]).

Les premières transactions aideront les pays bénéficiaires à établir le niveau actuel de leurs émissions de GES, ce qui servira de valeur de référence. Ces pays devront également élaborer des stratégies pour réduire la déforestation (et donc les émissions de GES) et développer des systèmes de surveillance servant à capter les résultats de la mise en œuvre des stratégies de REED.

En dehors du couple REED-FCPF, de très nombreuses initiatives sont en cours. L'une des plus importantes est celle du Brésil, qui a lancé, en août 2008, son propre fonds international de lutte contre la déforestation de l'Amazonie[8]. L'objectif du fonds créé par le géant sud-américain est de recueillir pas moins de 21 milliards de dollars américains d'ici 2020. Déjà la Norvège s'est engagée à y verser 500 millions de dollars américains par année pendant toute la période visée. La Banque africaine de développement a, quant à elle, proposé d'investir près d'un milliard de dollars américains dans la conservation de la biodiversité et la gestion des ressources naturelles dans le bassin du fleuve Congo[9].

Dans le cadre du plan Vivo[10], une initiative visant à déterminer et à assurer le paiement pour des services écologiques (filtration de l'eau par les marécages, par exemple), de multiples initiatives privées canalisent des sommes en direction de villages au Mexique, au Mozambique et en Ouganda, lesquels ont pris l'engagement de protéger leurs forêts ou encore de planter des arbres. Des vérificateurs internes sont chargés d'objectiver les réductions d'émissions ainsi réalisées, tout en émettant des crédits de carbone à l'intention des donateurs. Ces crédits ne sont toutefois pas encore reconnus par l'ONU[11].

## Le reboisement

En simplifiant énormément, on pourrait poser le problème comme suit : depuis les débuts de la révolution industrielle, on a envoyé des quantités astronomiques de GES dans l'atmosphère et, d'ici à ce que nous ayons fait le saut vers une économie « carboneutre », qui n'émettrait pas plus de GES que la planète ne peut en absorber, nous allons nécessairement continuer à en émettre d'assez grandes quantités. Tous ces GES du passé, du présent et du futur proche compromettent notre avenir : il faut en éliminer une certaine quantité, de façon à stabiliser le climat.

La végétation en général et la forêt en particulier avalent des quantités incroyables de $CO_2$. Pour donner un ordre de grandeur, en forêt boréale par exemple, un hectare (100 m x 100 m) va absorber sa vie durant à peu près quatre tonnes de $CO_2$, à condition, bien entendu, que le milieu forestier ne soit pas perturbé par l'exploitation humaine. Cette évaluation est sérieuse : elle provient de la Chaire en éco-conseil de l'Université du Québec à Chicoutimi.

Toute cette question de la gestion forestière, je tiens à le répéter, est particulièrement complexe. Par exemple, la pratique du reboisement ou de la plantation permet d'augmenter la capture et le stockage du carbone. Pour cette raison, comme je l'ai déjà mentionné, un pays peut s'en prévaloir pour obtenir une augmentation de ses crédits d'émission de GES. Mais cette pratique, dans les faits, n'a pas que des avantages.

Pour mieux comprendre le problème, on peut se poser cette question : qu'est-ce qu'une forêt ? Question *a priori* simpliste, j'en conviens. Elle a pourtant donné lieu à des batailles épiques au niveau international ! C'est parce qu'il est extrêmement difficile de définir exactement ce qu'on doit comprendre sous ce terme de « forêt ». Une forêt en

Amérique du Nord n'a pas la même densité d'arbres par hectare que la forêt amazonienne ou encore celle de l'Australie. Comment dès lors peut-on adopter des définitions de ce que constitue le déboisement ou même le reboisement, à partir de réalités tellement différentes ? Comment peut-on s'assurer que le système permettant de récompenser un pays qui met en place des programmes de reboisement tienne également compte des activités de coupes forestières, ou encore d'un changement d'utilisation du territoire (la transformation d'une forêt en nouveaux quartiers résidentiels, par exemple) ?

On a beaucoup discuté à Kyoto pour savoir s'il fallait ou non inclure les activités de déboisement, de reboisement et de plantation — qui jouent un rôle important dans l'absorption de $CO_2$ par les forêts — dans les inventaires de gaz à effet de serre liés aux activités humaines.

Oui, il le fallait, a-t-on décidé. Le fait de planter un arbre permet d'augmenter pour un certain temps les puits de carbone puisque, par photosynthèse, l'arbre va capter et emmagasiner du $CO_2$. Pour tout arbre planté, on accordera donc un crédit d'émission de GES. Cette pratique, selon ses défenseurs, reflète mieux la réalité des échanges entre la terre et l'atmosphère et offrirait une panoplie d'avantages connexes, comme l'augmentation de la reforestation et de la diversité biologique.

En théorie, c'est juste. Il faut toutefois nuancer ces affirmations.

Car le risque serait de créer un système à deux vitesses, un système auquel on ne soustrairait rien, où l'on ne comptabiliserait que le reboisement et non le déboisement. Et on sait bien que le fait de ne pas tenir compte du déboisement est une puissante incitation à la coupe massive des forêts anciennes[12].

Celles-ci, d'un point de vue économique et dans la perspective d'obtenir des crédits d'émission de GES, représentent peu d'intérêt : elles se trouvent généralement en état d'équilibre en ce qui a trait aux GES, en ce sens qu'elles en émettent autant qu'elles en absorbent. En matière de GES, une forêt est en état d'équilibre pendant une bonne partie de sa « vie », puisqu'elle tend à absorber plus de carbone dans sa phase de croissance, mais qu'elle commence à en relâcher vers la fin. On a longtemps pensé qu'il serait alors avantageux de remplacer ces forêts par de nouvelles plantations d'arbres à croissance rapide dont le potentiel d'absorption des GES est, à court terme, plus intéressant. C'est ce qu'a fait la compagnie d'électricité nippone TEPCO, dans la province australienne de la Tasmanie. Mais agir ainsi, c'est oublier l'importance écologique et culturelle capitale des forêts anciennes, et la question se pose de savoir si l'on peut vraiment se permettre de les éliminer sous le prétexte de la lutte contre les changements climatiques.

Par contre, pourquoi ne pas en réduire la superficie et n'en couper qu'une partie ? Il faudrait toutefois que le bois coupé serve à des usages qui gardent longtemps le carbone hors du cycle, l'utiliser par exemple pour la construction ou la fabrication de meubles, plutôt que pour des papiers-mouchoirs.

Et si l'on plante des arbres, il faut éviter toutes les monocultures, beaucoup plus sensibles aux insectes et aux maladies.

« Au cours des prochaines décennies, les systèmes vivants de la planète [forêts, milieux humides, tourbières, sols] pourraient capturer et retenir 185 gigatonnes de $CO_2$ », a déclaré Achim Steiner, directeur général du Programme des Nations Unies pour l'environnement (PNUE), à l'occasion de la Journée internationale de l'environnement, le 5 juin 2009[13].

Évidemment, lancés comme ça, ces chiffres paraissent énormes. Mais que veulent-ils dire ? Ces 185 gigatonnes de $CO_2$, ce sont 185 milliards de tonnes, et c'est à peu près l'équivalent de sept années d'émissions planétaires au rythme actuel. On peut donc dire qu'une « pompe à carbone » de 185 milliards de tonnes, c'est énorme et relativement modeste à la fois.

Il ne faudrait surtout pas prendre prétexte de cette information pour s'endormir. Si nous ne déployons pas tous les efforts possibles pour réduire nos émissions, nous aurons complètement gaspillé ce potentiel de captage forestier en seulement sept courtes années.

Ce qu'on veut, tout au contraire, c'est utiliser les écosystèmes vivants comme la forêt pour supprimer de l'atmosphère le surplus de $CO_2$ que nous y avons déjà injecté. Ce qu'on préconise, c'est revenir à des concentrations atmosphériques de $CO_2$ de l'ordre de 350 ppm. Je le répéterai inlassablement : il faut à la fois réduire radicalement les émissions de GES et maximiser le potentiel des puits naturels de carbone que sont les forêts.

C'est même d'une grande urgence, si l'on s'en tient à l'étude du Centre Hadley, un des centres de recherche sur les changements climatiques les plus prestigieux, laquelle étude, lors de sa publication au moment où se tenait la conférence de La Haye, eut l'effet d'une bombe. Selon le modèle d'analyse de l'étude, la capacité d'absorption du carbone que possèdent les sols et la végétation pourrait en effet diminuer de façon alarmante d'ici la fin du siècle prochain et, pire encore, devenir une source d'émissions de GES[14]. La cause de ce déclin ? Celui-ci serait directement lié aux impacts des changements climatiques, telle l'augmentation du nombre de sécheresses et de feux de forêt.

## Plantons pour la planète

Au tout premier rang du palmarès de ceux qui ont entrepris le reboisement de nos forêts, on retrouve sans conteste la Kényane Wangari Maathai. En 2004, pour la toute première fois dans la longue histoire des prix Nobel, le prix Nobel de la paix a été remis à une militante pour l'environnement. Wangari Maathai s'est vu attribuer ce prix pour son travail au sein du Green Belt Movement (GBM), qu'elle a fondé dans son pays natal. Le GBM est un mouvement de paysannes qui, parti de rien, a réussi à galvaniser l'énergie de milliers de femmes qui ont entrepris le reboisement de régions entières du Kenya. Au moment où Wangari Maathai a reçu le Nobel, le mouvement avait déjà réalisé l'exploit, contre vents et marées, de mettre en terre plus de 30 millions d'arbres[15] !

L'expérience et la lutte du GBM de Wangari Maathai se sont révélées à ce point inspirantes que le Programme des Nations Unies pour l'environnement (PNUE) a décidé de lancer son propre projet, le projet Plantons pour la planète[16]. Wangari Maathai elle-même et le prince Albert de Monaco en sont les présidents d'honneur. L'objectif initial du programme était de planter un milliard d'arbres — oui, vous avez bien lu, un milliard !

Le programme s'est révélé être un succès retentissant. L'objectif a été largement dépassé dès la première année, tant et si bien qu'on a dû reformuler les objectifs initiaux pour les majorer à 7 milliards d'arbres ! À ce jour, le programme a permis la plantation de 4,1 milliards d'arbres dans plus de 150 pays. Les ressources financières actuelles associées au projet permettent la plantation de 6,2 milliards d'arbres. Au Niger, on reboise même des franges entières de la région semi-désertique du Sahel.

Pas mal impressionnant, pour un projet qui a commencé modestement avec une poignée de femmes courageuses qui voulaient mettre fin à la dégradation de leur environnement immédiat et restaurer celui-ci afin d'avoir accès à de l'eau propre, à des sols fertiles et à du bois de chauffe pour la cuisine !

# CHAPITRE 5

# L'agriculture

Agriculture et changements climatiques ? Pourquoi la culture du maïs, ou même celle de la carotte, serait-elle dangereuse pour l'atmosphère ? Qu'elle puisse être problématique en matière d'alimentation — il suffit, par exemple, de penser à la question récurrente des OGM —, on le comprend mieux aujourd'hui. Mais qu'elle constitue une menace pour l'atmosphère ? L'évidence apparaît quand on sait que dans ce domaine se profilent deux grands responsables de la pollution atmosphérique : l'oxyde nitreux et l'éthanol. L'un est lié à la fertilisation des sols agricoles, l'autre à la culture consacrée à la fabrication d'un pseudo-carburant « vert ». Ce qu'on sait aussi maintenant, et cela a été une surprise de taille, c'est que les sols, agricoles entre autres, sont des puits de carbone plus importants que les forêts elles-mêmes. On conçoit donc qu'il y ait urgence de les protéger et, pour ce faire, de favoriser toutes les initiatives novatrices et les pratiques qui valorisent une agriculture peu émettrice de GES.

## L'affaire de l'oxyde nitreux

Pour accroître le rendement des cultures et restituer aux sols les éléments minéraux qu'elles y puisent, on emploie aujourd'hui massivement des engrais de synthèse. S'il est clair que l'utilisation de tels engrais peut nuire à la préservation des sols, ce qui nous intéresse dans la lutte qui nous occupe ici, c'est la production de GES qu'induit ce type de fertilisation.

Sait-on assez que l'agriculture utilise annuellement, dans le monde, 102 millions de tonnes d'engrais de synthèse ? Et que la fertilisation par les engrais de synthèse émet, toujours annuellement et dans le monde, deux milliards de tonnes d'équivalent $CO_2$[1] ? Dois-je vraiment ajouter qu'il s'agit là d'une contribution non négligeable au réchauffement climatique ?

La production agricole va donc dégager dans l'atmosphère des gaz qui ont un effet de serre extrêmement lourd. Parmi eux, l'oxyde nitreux. Au Canada, par exemple, l'agriculture est responsable de 50 % des émissions d'oxyde nitreux. Or ce gaz est 310 fois plus puissant que le gaz carbonique. C'est énorme...

Le bilan des ravages causés par l'oxyde nitreux s'alourdit si l'on considère qu'une partie des engrais de synthèse azotés ruissellent dans les cours d'eau, vers les rivières, vers les fleuves et, ultimement, se retrouvent dans les océans.

## La mise en place d'une catastrophe

Comment cette catastrophe s'articule-t-elle ? En 2000, mondialement, 60 millions de tonnes d'azote (dont 80 %

sont dus à l'activité humaine) ont été larguées dans les océans. Au début de la Révolution industrielle, vers 1860, on n'en comptait que 20 millions de tonnes (et seulement 30 % étaient liés à l'activité humaine). Le volume d'azote artificiellement introduit dans les océans par l'homme a donc été multiplié par 10 au cours de cette même période.

Or, selon la prestigieuse revue *Science*, cette « surfertilisation » des océans a pour conséquence que ceux-ci émettent 1,6 million de tonnes d'oxyde nitreux[2], soit huit fois plus qu'en 1860...

On peut penser que les océans sont grands et que, par conséquent, ils sont « capables d'en prendre ». Mais, dans les faits, les ruissellements de nitrates ont tendance à se concentrer dans les estuaires. C'est là qu'ils provoquent l'éclosion d'une surabondance de plancton, qui sera lui-même décomposé par des bactéries qui absorbent tout l'oxygène de l'eau. La zone ainsi affectée se transforme en zone morte parce qu'elle est vidée de son oxygène ; elle devient inapte à soutenir la vie. Or, comme l'ont récemment découvert des scientifiques, pour poursuivre leur travail de digestion quand il n'y a plus d'oxygène, ces bactéries utilisent l'azote. Ce faisant, elles oxydent l'azote... qui devient de l'oxyde nitreux.

L'exemple le plus tragique de ce phénomène est celui du golfe du Mexique, dont la zone morte, au plus fort de son développement estival, atteint 13 000 km[2], soit près de 30 fois la superficie de l'île de Montréal ! On pourrait dire que cette zone morte est le résultat direct de la présence des engrais azotés drainés des terres de culture du maïs qui sont irriguées par l'immense bassin du Mississippi-Missouri.

L'ONU a répertorié pas moins de 150 zones mortes sur la planète.

## Le Saint-Laurent, futur dépotoir des engrais agricoles ?

Au cours de l'été 2008, en raison de fortes pluies, de grandes quantités d'engrais azotés ont été transportées jusqu'à l'estuaire du Saint-Laurent et ont alors provoqué une « marée rouge » — en fait, il s'agissait d'une explosion d'algues rouges nourries par les engrais azotés.

Cette « marée rouge » n'était pas un mince problème. On estime qu'elle a couvert une surface de 300 km$^2$ et entraîné la mort d'une cinquantaine de mammifères marins, sur les deux rives de l'estuaire, et de centaines, voire de milliers, d'oiseaux. On a même craint un moment que la péninsule gaspésienne ne soit atteinte.

Les engrais azotés qui se déversent dans le Saint-Laurent viennent certes des terres agricoles du Québec, mais ils peuvent aussi bien provenir de l'Ontario, des Grands Lacs ou du Midwest américain. L'estuaire du Saint-Laurent est-il en train de devenir, comme beaucoup le craignent, le dépotoir d'engrais agricoles azotés de tout le Nord-Est américain ?

## Comment mener le combat contre l'oxyde nitreux ?

L'affaire de l'oxyde nitreux est donc sérieuse, et il sera difficile de mener la lutte contre le réchauffement climatique si l'on ne s'attaque pas à ce problème.

La stratégie à suivre n'est pas si compliquée : pour les

cultures exigeantes en azote, il faut bannir les fertilisants nitrés à base d'azote et les remplacer par l'alternance des cultures. Une alternance soja-maïs, déjà largement pratiquée d'ailleurs, est de nature à fournir au sol l'azote dont il a besoin. Parce que le soja est une légumineuse, ses racines vivent en symbiose avec une petite bactérie qui porte le nom de *nitrobacter rhizobium*. Il se trouve que *nitrobacter rhizobium* fixe l'azote atmosphérique et le transforme en engrais nitrés assimilables par les plantes. En retour, bon joueur, le soja fournit à *nitrobacter rhizobium* les sucres (glucose) qui lui servent de nourriture.

Comme autre solution, là où la situation s'y prête et sans nuire à la forêt, on pourrait envisager la fertilisation par bois raméal fragmenté. Comment procède-t-on ? On déchiquette des rameaux ou des branches d'un diamètre inférieur à 5 cm et on les incorpore dans le sol en guise de fertilisants. On limite le diamètre du rameau à fragmenter parce que le rapport azote-carbone n'est pas suffisamment propice au-delà de 5 cm : plus le rameau a un grand diamètre, plus il a de l'âge et moins il contient d'azote[3].

## Le « navire éthanol »

Depuis qu'il a été lancé, ce navire n'a cessé de prendre l'eau. Le détournement du maïs ou du blé hors du circuit de l'alimentation humaine pour en faire un substitut du pétrole a propulsé la demande, il est vrai, mais simultanément il a contribué à faire bondir les prix des denrées de base et a plongé les plus pauvres dans une crise alimentaire sans précédent. Le plus bel exemple est l'explosion du prix de la tortilla au Mexique, aliment de base s'il en est un. La spéculation des opérateurs dans le marché des denrées est venue amplifier le problème.

Le rapporteur spécial de l'ONU sur les questions alimentaires, Jean Ziegler, n'a pas hésité, au plus fort de la crise, à parler de crime contre l'humanité…

Il faut souligner que les problèmes liés au golfe du Mexique et à sa zone morte ont été exacerbés par la mise en culture de millions d'hectares de terres à maïs supplémentaires requises par l'industrie des biocarburants, lesquels dans leur grande majorité aboutissent dans les eaux du golfe.

Qu'à cela ne tienne, la vogue des agrocarburants, poussée sans vergogne par les sbires de George W. Bush et ceux des multinationales américaines de l'agroalimentation, les Cargill, les Archer Daniels Midland, a poursuivi sa lancée, forte des appuis obtenus en haut lieu et de l'hypocrisie de l'ancien président qui prétendait lutter ainsi contre ce qu'il appelait la dépendance des États-Unis envers le pétrole.

### Rien ne va plus…

Tout au long de cette véritable saga, les mauvaises nouvelles n'ont jamais cessé de s'accumuler en défaveur des agrocarburants. Assez rapidement, on a appris, comme l'a révélé Louis-Gilles Francœur, journaliste au quotidien *Le Devoir*, le douteux bilan énergétique de l'éthanol issu du maïs, puisque sa production requiert plus d'énergie (produits pétroliers agricoles, engrais azotés à base de pétrole, etc.) qu'il n'en fournit lui-même.

Dans le cadre d'une recherche sur des carburants à faible teneur en carbone (Low Carbon Fuel Standard), le gouvernement californien a entrepris une analyse du cycle de vie de plusieurs agrocarburants, dont l'éthanol à base de canne à sucre et l'éthanol à base de maïs. Les résultats qui concernent celui-ci sont clairs : si l'on tient compte de son impact — du défrichage des terres jusqu'à son transport —, notamment de l'émission de GES due au chamboulement des terres requises pour la culture industrielle de la céréale jaune, eh bien, en bout de ligne, l'éthanol issu du maïs émet plus de GES qu'il ne les réduit[4]...

Variante de la même réalité, comme l'a souligné Louis-Gilles Francœur — il fut l'un des premiers à le faire —, la performance des véhicules alimentés par un mélange composé de 85 % de pétrole et de 15 % d'éthanol est inférieure à celle que donne un produit strictement pétrolier.

## Qui s'accroche encore au bateau qui coule ?

Devant tout ce remue-ménage dans le monde des agrocarburants, on aurait pu penser, ou du moins souhaiter, que les gouvernements canadien et québécois se ravisent sur la question.

En suivant, pourquoi pas, l'exemple des Européens qui, après être montés dans l'enthousiasme à bord du navire éthanol, ont eu le bon sens de reconnaître leur erreur et de faire partiellement marche arrière en révisant à la baisse leurs objectifs en matière de production de cet agrocarburant. Heureusement, car, pour l'Union européenne dans son ensemble, remplacer cinq pour cent du pétrole consommé sous forme de carburant automobile nécessite-rait globalement la mobilisation de presque un cinquième (dix-huit pour cent) de toutes les terres arables[5]. Une totale démesure !

Au Canada, le gouvernement fédéral persiste et signe : il maintient son aide financière à l'éthanol issu du maïs ainsi qu'à l'éthanol issu du blé. Plutôt que de reconnaître qu'on s'est embarqué un peu trop vite dans la galère des agrocar-burants. Au lieu de prendre un temps d'arrêt pour faire le point, on fonce à toute vapeur dans la bêtise.

C'est franchement désolant.

Au Québec, il y a une quinzaine d'années, on s'est lancé dans l'aventure des biocarburants, plus précisément dans la production d'éthanol issu du maïs. En 2005, avec la confir-mation d'une aide gouvernementale pouvant aller jusqu'à 182 millions de dollars sur 10 ans et la participation à hau-teur de 25 millions de dollars du Fonds de solidarité des tra-vailleurs-FTQ, la première et seule usine d'éthanol issu du maïs a ouvert ses portes à Varennes. Elle devrait produire 120 millions de litres de biocarburant par année, ce qui représente 10 % de la culture québécoise de maïs… Un regroupement de quelque 500 producteurs de maïs québé-cois, Pro-Ethanol, ont même personnellement investi dans cette usine, qui leur achète des milliers de tonnes de maïs chaque année[6].

À la lumière des nouvelles données sur l'éthanol issu du maïs, tout ce programme devrait être complètement révisé !

## De nouveaux champs de recherche

Pendant ce temps, les recherches s'intensifient au sujet de l'éthanol cellulosique, qui est produit, comme son nom l'indique, à partir de la cellulose contenue dans les résidus de bois ou les pailles de céréales comme le blé, l'avoine, etc. Les résidus agricoles, la paille par exemple, contiennent également de la lignine qui, quand on la brûle, produit de l'énergie en plus de l'éthanol ; tant et si bien que, selon le ministère de l'Énergie américain, l'éthanol cellulosique réduit les émissions de GES de 90 % par rapport à l'essence !

Une usine expérimentale a même été ouverte dans la grande région d'Ottawa par la société Iogen, et une autre devrait aussi être construite sous peu, en Saskatchewan cette fois. Cette décision-là suit l'annonce — faite en catastrophe — d'une subvention fédérale pouvant atteindre 40 % des coûts. Le gouvernement Harper réagissait ainsi à l'octroi d'une subvention de 80 millions de dollars américains de la part du ministère de l'Énergie des États-Unis, qui tient à ce que Iogen et ses partenaires, Royal Dutch Shell et Goldman Sachs, s'installent en Idaho.

Au Québec, des recherches intéressantes sur l'éthanol cellulosique sont en cours. L'Institut de biologie végétale, lié au Jardin botanique de Montréal, mène actuellement des travaux sur le potentiel du saule à croissance rapide. La municipalité régionale de comté des Basques, dans le Bas-Saint-Laurent, planche quant à elle sur *miscanthus giganteus,* un végétal ligneux à croissance rapide ; on ne sait pas cependant si elle destine son futur *miscanthus* à la transformation en éthanol ou encore à la combustion dans des installations thermiques alimentées à la biomasse.

On ouvre là des portes importantes, car, selon le physicien et auteur Pierre Langlois, il semblerait bien que le meilleur candidat pour combattre les GES soit le diesel synthétique BTL, produit justement à partir de *miscanthus*, de panic érigé (*switchgrass*, en anglais), de résidus forestiers ou de déchets municipaux organiques[7].

La nouvelle politique énergétique du Québec semble d'ailleurs s'orienter dans une nouvelle direction en privilégiant la production d'éthanol à partir de la biomasse forestière, moins controversée et moins polluante. Il faut espérer toutefois que cette production ne sera pas issue de pratiques destructrices des forêts, lesquelles constituent, on le sait, d'énormes réservoirs de $CO_2$. Ce que sont aussi, je le rappelle, les sols agricoles.

## Les sols agricoles, remarquables puits de carbone

Ces sols, dans notre lutte contre les changements climatiques, nous avons la possibilité d'en faire des alliés précieux. En effet, la majeure partie du carbone capté par les plantes s'incorpore dans l'humus, la couche superficielle du sol, et l'enrichit ainsi. Une partie moins importante de ce carbone s'infiltre plus profondément dans le sol, où il peut rester captif pendant des siècles. Les terres agricoles constituent donc des puits de carbone essentiels et, grâce à leur forte capacité d'absorption du $CO_2$, peuvent servir de contrepoids aux émissions de ce même $CO_2$ provenant de l'activité humaine.

Je l'ai dit plus tôt, on a découvert assez récemment que les sols, agricoles entre autres, constituaient des puits de carbone plus importants que les forêts. Je précise bien cependant que les sols mentionnés ici incluent les sols forestiers. Les sols en culture emmagasineraient 128 milliards de tonnes de carbone, alors que les prairies tempérées (donc susceptibles d'être exploitées par l'homme) renfermeraient 295 milliards de tonnes de carbone.

De quelle façon ces puits de carbone que sont les sols agricoles peuvent-ils être détruits ? Eh bien, quand on retourne les sols, quand on les chamboule, la matière organique du sol est exposée à l'oxygène de l'air, elle est donc oxydée et transformée en $CO_2$. Et, bien entendu, une bonne partie du carbone ainsi remué se retrouve dans l'atmosphère.

Heureusement, on constate de la part de la population une prise de conscience spontanée quant à la capacité des sols à nous aider dans la lutte contre le réchauffement. On cherche donc à redonner aux sols agricoles leur vocation de puits de carbone, au Nord comme au Sud, à la faveur de pratiques agricoles renouvelées. Les trois stratégies majeures issues de cette prise de conscience sont les suivantes : l'agriculture sans labour ; la culture de céréales vivaces, qui évidemment ne nécessite pas de semis annuels et donc pas de labour ; enfin, la gestion écosystémique des pâturages.

Une évaluation menée par le World Watch Institute et son partenaire Ecoagricultures en arrive à cette conclusion surprenante : des pratiques agricoles renouvelées pourraient très efficacement à la fois réduire le $CO_2$ produit par l'oxydation de la matière organique du sol et bonifier l'absorption du $CO_2$ atmosphérique par les sols. Les émissions

ainsi évitées et les quantités de $CO_2$ supplémentaires captu-
rées et retenues représenteraient près de 25 % des émissions
annuelles de $CO_2$ d'origine humaine[8]!

Une autre source, de l'ONU cette fois, affirme que, à
l'horizon de 2030, de 5,5 à 6 milliards de tonnes de $CO_2$
pourraient avoir été prises en charge par l'agriculture. Près
de 90 % de cette prise en charge serait assumée par les sols à
la faveur d'une saine gestion des terres agricoles ainsi que
des pâturages[9]. Toute une révolution en perspective!

À l'heure actuelle, cinq milliards d'hectares sont en
culture sur la planète; de ce nombre, 95 millions sont l'objet d'une agriculture sans labour. Il ne s'agit donc absolument pas de réinventer la roue, mais de prendre appui sur
une pratique existante[10] pour la généraliser.

Autre stratégie de protection des sols agricoles : la culture de céréales vivaces. Le fait est que les deux tiers des terres
arables de la planète sont consacrées à la culture de céréales.
Or des chercheurs ont déjà développé des céréales vivaces
(riz, sorgho, blé), des plantes fourragères vivaces (herbe à
blé, seigle) ainsi que des oléagineux vivaces (tournesol). En
Alberta, le seigle vivace est très apprécié comme plante four-
ragère. Dans l'État de Washington, les nouveaux cultivars
vivaces affichent un rendement qui équivaut à 70 % du rendement actuel des cultivars annuels dans le commerce.

Et ce n'est pas tout! Qui dit vivaces dit également saison
de croissance plus longue et racines plus profondes, donc
plus de $CO_2$ retenu. En fait, 50 % de plus!

Depuis plus de 10 ans, l'Université du Manitoba mène
des études sur le sujet. On constate, dans les résultats présentés dans le tableau ci-contre, la contribution exception-

nelle des cultures vivaces utilisées par l'agriculture dans la
lutte contre les émissions de GES.

| | Carbone retenu kilo/hectare/année | | Contribution au réchauffement climatique (indice) |
|---|---|---|---|
| Annuelles | 0 à 450 | Annuelles | 140 à 1 140 |
| Vivaces | 320 à 1 100 | Vivaces | − 1 050 à − 200 |

Source : « Farming: a return to roots ? », *Scientific American*, août 2007, en ligne : www.land institute.org/pages/Glover-et-al-2007-Sci-Am.pdf

Voilà qui, je pense, est assez concluant.

Dans le cadre de ces pratiques agricoles renouvelées, on
ne peut écarter la question de l'agriculture biologique, puisqu'elle aussi peut être efficace dans la bataille contre les GES.
Une étude menée pendant 23 ans par le Rodale Institute,
aux États-Unis, a comparé le taux de croissance dans le sol
du carbone produit par l'agriculture biologique et du carbone produit par l'agriculture intensive. L'agriculture biologique en produit de 15 % à 28 % de plus ! Les chercheurs ont
conclu que, si toutes les cultures de maïs et de soja aux États-
Unis devenaient biologiques, les sols concernés pourraient
absorber quelque 250 millions de tonnes de $CO_2$ supplémentaires. Quelque 250 millions de tonnes, après tout, c'est
un peu plus du tiers des émissions annuelles du Canada[11] !

## Des agriculteurs québécois innovateurs

À tout seigneur tout honneur : comment ne pas parler
d'abord du réseau des ASC (Agriculteurs soutenus par la

communauté)! Il y a 15 ans déjà, Équiterre a innové au Québec en mettant sur pied un réseau de petits producteurs qui livrent des paniers bio aux consommateurs, surtout urbains, ainsi qu'à quelques garderies et organismes[12].

Cette agriculture biologique certifiée regroupe donc des petits producteurs dont la faible empreinte écologique est l'une des marques de commerce : utilisation d'engrais naturels plutôt que d'engrais de synthèse à base de pétrole, bannissement des pesticides de synthèse également à base de pétrole, petites exploitations ayant un recours limité à la traction motorisée. Il ne faut pas oublier non plus les circuits courts, c'est-à-dire le fait que certains produits issus de l'ASC couvrent des distances très limitées comparativement aux milliers de kilomètres qu'un aliment moyen parcourt avant de se retrouver sur une table au Canada ; c'est encore un gain pour la réduction des GES.

Nature Québec a lancé récemment le projet Vers des fermes zéro carbone[13], qui a pour objectif d'abaisser de 3 000 tonnes en deux ans les émissions de $CO_2$ produites par 30 producteurs agricoles. On espère également que, séduits par l'exemple, d'autres agriculteurs suivront. Les agriculteurs inscrits au programme pourront faire l'évaluation de leurs émissions de GES à l'aide d'un logiciel spécialisé. Sur la base des résultats obtenus, on élaborera un plan d'action. Nature Québec dispensera aussi des formations sur l'agriculture et les changements climatiques partout au Québec.

Jocelyn Michon est aussi un cas intéressant ! Ce producteur québécois de céréales (blé, soja, maïs) affirme, dans une entrevue[14], ne pas labourer sa terre depuis plusieurs années.

Il sème sur les résidus des récoltes de l'année précédente qui sont restés au sol. La seule chose dont il a besoin, ce sont des semoirs modifiés.

Les résultats observés sont certes empiriques, mais ils sont impressionnants. Jocelyn Michon a pu ainsi constater non seulement une augmentation notable du nombre de vers de terre, ces laboureurs naturels de la terre (nous savons que les vers de terre sont à la base de toute une chaîne alimentaire propre au sol[15]), mais encore une diminution de l'érosion des sols de l'ordre de 90 % ! Il a pu réduire son usage des fertilisants de synthèse d'environ 50 % et sa consommation de carburants de 75 %. Et c'est sans compter la réduction des émissions d'oxyde nitreux…

Je ne peux pas non plus ne pas parler de Peter Fransham[16], un grand spécialiste de la pyrolyse, entrepreneur et fondateur de la société ABRI (Advanced Biorefinery Inc) établie au Québec. Sa compagnie fabrique de l'équipement de pyrolyse-gazéification destiné à bonifier l'utilisation du fumier de poulet. Ce fumier est un engrais naturel très recherché pour la culture du maïs en raison de sa haute concentration en azote.

En quoi consiste la pyrolyse ? Tout simplement en la décomposition d'un matériau organique par la chaleur (sans flamme, ce qui évite la combustion). Si l'on pyrolyse la biomasse, on obtient des vapeurs, un gaz combustible (méthane), des minéraux solides (recyclables en agriculture) et du charbon de bois utilisable comme amendement (biochar ou agrobiochar) ou comme combustible (bio-charbon)[17].

Ainsi, le processus mis au point par Peter Fransham

produit un gaz combustible, le méthane, des huiles qu'on peut utiliser comme carburant pour le travail de la ferme ainsi que ce fameux « biochar », comparable au charbon de bois. Celui-ci retient le carbone présent dans les déjections de poulet de même que des éléments minéraux essentiels à la croissance des végétaux, soient l'azote (N), le potassium (K) et le phosphore (P).

La beauté de ce biochar, c'est qu'il retient le carbone sous une forme très stable, le « charbon de fumier ». Incorporé dans les sols, il est peu susceptible de ruisseler. Et, grâce à sa stabilité, il va relâcher son carbone et ses NKP très graduellement.

Ces quelques exemples, c'est bien certain, ne constituent pas le portrait global de ce qui se fait de mieux dans le monde agricole pour lutter contre le réchauffement. Mais ils constituent une excellente source d'inspiration.

## La vache et le méthane

Ce pourrait être le titre d'une comédie ou d'un film pour enfants. Le sujet est malheureusement beaucoup plus grave qu'il n'y paraît. Et je veux le signaler pour conclure ce chapitre sur l'agriculture.

Selon le World Watch Institute (WWI), le cheptel mondial serait responsable de l'émission de 7,1 milliards de tonnes équivalent $CO_2$. Pour établir ce chiffre, on a tenu compte (et c'est ce qui en fait l'intérêt ici) de toutes les émissions découlant de la production du bétail destiné à la consommation alimentaire. On inclut par exemple les émissions causées par la déforestation à laquelle on procède pour obtenir de nouveaux pâturages ou de nouvelles terres pour le soja destiné à l'alimentation du bétail, ou encore les émissions causées par l'érosion des sols à la suite du surpâturage. C'est le cas notamment, et à une échelle gigantesque, en Amazonie.

On doit aussi tenir compte des émissions causées par le bétail lui-même — les ruminants en particulier. La fermentation gastro-entérique produit en effet du méthane, un des gaz à effet de serre parmi les plus nocifs. Une vache peut ainsi produire jusqu'à 600 litres de méthane par jour, principalement par éructation du gaz. Et quand on sait qu'il y a 1,3 milliard de bovins sur la Terre… Donc, parmi les émissions de GES d'origine agricole, le méthane en représente 4,3 %[18]. Juste un peu moins que l'oxyde nitreux, qui en produit 16,9 %. C'est considérable !

S'il est possible d'amoindrir les émissions d'oxyde nitreux produites par l'agriculture, quelles stratégies de réduction peut-on mettre en place pour le méthane produit par le bétail ?

Des recherches sont actuellement en cours pour modifier l'alimentation même des animaux afin d'atténuer leur production de méthane.

Une autre avenue, plus radicale celle-là, consiste à réduire, voire à supprimer, notre consommation de viande. Le débat est ouvert…

En septembre 2008, le Dr Rajendra Pachauri, président du GIEC, en a fait sourciller plus d'un quand il a déclaré au quotidien britannique *The Observer* que monsieur et madame Tout-le-monde devraient s'astreindre à un régime alimentaire comportant une journée sans viande par semaine ; ce serait là selon lui un geste efficace pour lutter contre les changements climatiques. Il a même ajouté que, une fois ce pas franchi, nous devrions freiner encore davantage nos habitudes de carnivores !

Un organisme britannique reconnu, le Food Climate Research Network de Surrey University, recommande quant à lui un régime alimentaire ne comportant pas plus de quatre modestes portions de viande et un litre de lait par semaine. Selon le Network, ce serait là la condition alimentaire d'un climat stabilisé à l'horizon 2050.

Le professeur Nathan Pelletier de l'Université Dalhousie, en Nouvelle-Écosse, y va de recommandations moins radicales : il nous rappelle en effet que, si la consommation de viande dans les pays développés était ramenée de 90 kilos par année, notre niveau actuel, au niveau recommandé de 53 kilos, nous pourrions réduire par le fait même les émissions de GES du secteur de l'alimentation de 44 % !

Froncement de sourcil ou pas, recommandations sévères ou non, la voie indiquée par moult ténors de la science est étayée par de très nombreuses études et statistiques.

# CHAPITRE 6

# Le charbon

Pourquoi s'intéresser ici au charbon ?

Il faut savoir que le charbon représente encore aujourd'hui plus de 20 % du portefeuille énergétique mondial[1]. Même si ce pourcentage est en légère baisse depuis le début des années 1970, la plupart des experts s'entendent pour dire que, si rien n'est fait, il pourrait augmenter de façon importante au cours des prochaines décennies. De plus, la combustion du charbon (pour la production d'électricité ou encore le chauffage) représente donc 20 % des émissions de GES sur la planète[2].

Par ailleurs, la combustion du charbon dégage beaucoup plus de $CO_2$ que le gaz naturel ou le pétrole pour une même quantité d'énergie produite, soit environ 40 % de plus que le gaz naturel et 30 % de plus que le pétrole.

Le charbon joue aussi un rôle de premier plan dans la production énergétique de la Chine et des États-Unis, les deux plus grands émetteurs mondiaux de GES : il compte en Chine pour 80 % de la production d'électricité, aux États-Unis pour 50 %. On parle d'un peu moins de 14 % au Canada[3].

J'entends déjà les sceptiques qui m'objectent qu'on n'est pas sorti du bois et qui me rappellent qu'en Chine on met en service deux nouvelles centrales au charbon chaque semaine, et qu'aux États-Unis le président Obama saura difficilement résister au lobby charbonnier, en particulier celui de l'Illinois, son propre État !

C'est vrai. Encore oublient-ils de dire que l'Inde, le deuxième pays « superémergent », compte largement sur le charbon pour son développement énergétique…

Alors ? Alors, essayons de saisir d'un point de vue dynamique la situation de ces trois acteurs majeurs. Et nous allons vite constater qu'ils mettent déjà en place des stratégies d'encerclement efficaces pour venir à bout de ce dinosaure de charbon.

Commençons par la Chine.

## La Chine

Le cas de la Chine est évidemment pour le moins singulier. Ce pays est capable à la fois du meilleur et du pire.

En 2007, la Chine publie son premier plan d'action sur les changements climatiques, où l'on peut lire notamment que certaines régions connaissent des sécheresses de plus en plus importantes (dans le nord du pays), alors que d'autres subissent de fortes inondations (dans le sud-est), que les glaciers, auxquels les grands fleuves chinois comme le Yangtzé ou le Huang He (le fleuve Jaune) puisent leurs eaux, fondent de façon alarmante[4].

Je tiens quand même à noter que la part du charbon

dans le portefeuille énergétique chinois est en constante décroissance depuis les années 1980, alors que l'utilisation de sources de production d'énergie émettant moins de GES est en forte croissance.

Consciente de la nécessité de se doter d'instances de lutte contre le réchauffement, la Chine a créé en 2007 le Groupe national de direction sur les changements climatiques (National Leading Group on Climate Change — NLGCC), présidé par nul autre que le premier ministre Wen Jiabao.

Sur le plan économique, la Chine s'est fixé pour objectif de réduire de 20 % son intensité énergétique (la quantité d'énergie nécessaire à la production de chaque unité de biens et services) d'ici 2020, une décision que tous les observateurs avisés ont qualifiée d'extrêmement ambitieuse[5]. Comme toutes les grandes économies, la Chine a préparé un plan de relance pour faire face à la crise mondiale. Elle consacre 34 % de ce plan à des investissements verts ; les États-Unis y consacrent 12 %, la France, 18 %, l'Allemagne, 13 %[6].

Les Chinois ne sont pas moins entreprenants en ce qui concerne les sources d'énergie renouvelables, dans lesquelles sont inclus les grands ouvrages hydroélectriques. L'objectif est de compter sur 20 % de sources d'énergie renouvelables dès 2020 et pas moins de 40 % à l'horizon 2050. C'est tout de même assez impressionnant !

Il semblerait bien, selon les experts, que le programme chinois d'établissement de fermes solaires et de panneaux solaires installés sur les toits des résidences devienne le plus important programme solaire de la planète. En effet, une part substantielle du plan de relance de 660 milliards $ US sera consacrée à l'établissement de fermes solaires ainsi qu'à l'installation de panneaux photovoltaïques sur le toit des résidences.

On le sait, la Chine a clairement l'ambition de devenir le leader mondial de la production de cellules photovoltaïques et de surpasser ainsi le puissant Japon et même l'Union européenne. Les graphiques ci-contre montrent sans équivoque qu'elle est sur le point d'y parvenir.

Pour l'énergie éolienne, la Chine n'est pas en reste non plus. Peut-on imaginer que son potentiel éolien est estimé à 3 000 gigawatts, alors que la capacité électrique totale d'Hydro-Québec est d'un peu plus de 35 gigawatts! La Chine a doublé sa capacité éolienne au cours de chacune des trois dernières années. Elle a atteint, avec trois ans d'avance sur l'échéancier initial, son objectif de 5 gigawatts de puissance éolienne et, en 2008, elle s'est fixé un objectif de 10 gigawatts à atteindre deux ans avant l'échéance initiale… Les fabricants d'éoliennes établis en sol chinois seront devenus les plus importants au monde, en à peine trois ans[7]!

Plus de 100 % par année : telle est la croissance de l'énergie éolienne en Chine… Le marché chinois de l'éolienne double donc d'année en année! Fabuleux, non ?

## L'Inde

Passons maintenant du côté de l'Inde, l'autre géant parmi les pays émergents. La situation en Inde est moins bien

Production de cellules photovoltaïques (en puissance énergétique),
1994-2008

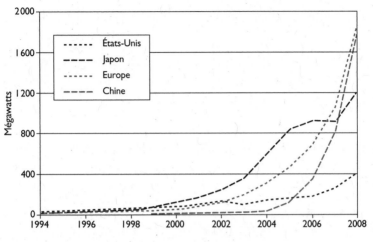

Source : Maycock, Prometheus Institute, CREIA, Bradford.

Puissance de chauffage solaire installée, 2007

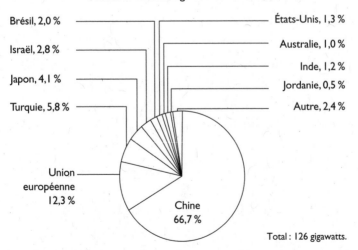

Source : REN21, Renewables Global Status Report: 2009 Update.

documentée. Une chose est claire cependant, c'est que l'Inde a des besoins énergétiques immenses, évalués entre 75 et 100 gigawatts pour les cinq prochaines années. Tripler sa capacité de production d'électricité… en cinq ans !

Il est bien clair que, pour cet autre acteur majeur, le charbon est essentiel à la production industrielle actuelle. Mais l'Inde s'est tout de même dotée de quelques instances-clés dans le domaine de l'énergie, dont le Prime Minister Council on Climate Change. Le Parti du Congrès, tout récemment reporté au pouvoir, s'est engagé à mettre en œuvre son plan d'action national sur les changements climatiques.

Les ambitions de l'Inde sur le front des sources d'énergie renouvelables sont gigantesques : certains rapports indiquent que, dans l'Inde de 2050, les sources d'énergie renouvelables pourraient combler 19 % de ses besoins en électricité et 60 % de ses besoins en chauffage et en climatisation. Le tout nécessitera des investissements de 154 milliards $ US[8].

Sur le front de l'énergie solaire, les prévisions ne sont pas moins impressionnantes : 200 gigawatts d'ici 2050, soit six fois la puissance totale disponible au Québec, toutes catégories confondues ! Et, comme étape intermédiaire, 20 gigawatts d'ici 2020. Sur les planches à dessin, un projet de centrale solaire de 5 gigawatts (plus que toute l'énergie produite par les barrages prévus sur la rivière Romaine, sur la Côte-Nord). La fondation Clinton Climate Initiative, mise sur pied par l'ancien président des États-Unis, s'intéresse activement au projet, et particulièrement à son financement.

Dans le seul État du Bengale-Occidental, on prévoit d'installer sur le toit des édifices, dès 2014, des panneaux solaires produisant 2 gigawatts[9].

## Les États-Unis

Reste le cas des États-Unis. La question du charbon, je tiens à le redire, y est encore largement problématique.

Sous le règne de George W. Bush, les émissions de GES ont considérablement augmenté, de sorte qu'elles sont maintenant à 15 % au-dessus du niveau de 1990. Si l'on tient compte du fait que l'Europe s'est engagée en faveur d'une réduction de 20 % d'ici 2020, et même de 30 % si les autres grands pays suivent, si l'on tient compte du fait que les scientifiques de l'ONU demandent une réduction de 25 à 40 % sur la même période, on comprend combien la marche est haute pour le gouvernement Obama.

### Les États-Unis amorcent-ils un virage vert ?

Le 26 juin 2009, la Chambre des représentants des États-Unis a adopté l'*American Climate and Energy Security Act* (ACES), un projet de loi qui devra franchir l'étape de son examen au Sénat avant de devenir une loi en bonne et due forme.

Pour la toute première fois dans l'histoire des États-Unis, une loi fixerait une cible de réduction des émissions de GES d'environ 15 % sous les niveaux de 1990 (les experts ne s'entendent pas tout à fait sur la cible finale) d'ici 2020, et de 80 % d'ici 2050. En tenant compte d'un plafond d'émissions qui diminuerait d'année en année, ce projet de loi établit, à la manière du système européen ETS, un mécanisme de marché pour la vente et l'échange de crédits de carbone.

Ce projet de loi dit Waxmann-Markey (du nom des deux représentants qui l'ont soumis) définit aussi un objectif de 20 % d'électricité verte d'ici 2020. Il n'est pas clair cependant si le terme « électricité verte » comprend l'électricité produite par les centrales nucléaires.

Comme le projet entraînera une hausse des prix de l'énergie, on prévoit même une compensation annuelle pour ceux qui touchent les revenus les plus bas…

Il contient aussi des mesures incitatives pour décarboniser l'économie, ce qui, selon le *New York Times,* « pourrait entraîner de profondes modifications au sein de certains secteurs de l'économie tels que la production d'électricité, l'agriculture, la production industrielle et la construction ».

Le projet de loi a reçu l'assentiment de la Chambre des représentants. Toutefois, parmi les opposants, un progressiste bien connu, Denis J. Kucinich, un démocrate de l'Ohio, a refusé le projet de loi parce que celui-ci faisait la part trop belle à l'industrie du charbon. Selon d'autres critiques, non seulement les objectifs de réduction d'émissions de GES au niveau national sont beaucoup trop faibles, mais le projet permettrait aux États qui le voudraient de diminuer les objectifs d'utilisation des sources d'énergie renouvelables.

De plus, grâce à ce projet de loi, les producteurs d'électricité recevraient gratuitement assez de crédits d'émission de $CO_2$ pour couvrir 90 % de leurs émissions. C'est un cadeau extrêmement généreux…

## Une trop grande dépendance envers le charbon

Les centrales thermiques au charbon jouent, faut-il le rappeler, un rôle de premier plan dans la production d'électricité aux États-Unis : elles représentent près de 50 % de cette production (l'hydroélectricité, elle, n'en représente que 7 %). Ce qui ajoute à la gravité de la situation, c'est que, selon les dispositions du projet de loi Waxman-Markey, les centrales au charbon pourront acheter dans le marché des crédits d'émission sans s'ingénier à réduire leurs propres émissions. Ce même projet de loi prévoit une enveloppe de 10 milliards $ US pour le développement d'une nouvelle génération de centrales au charbon qui, théoriquement, captureraient le $CO_2$ au sortir des cheminées, $CO_2$ qui serait enfoui « durablement » — c'est le moins qu'on puisse espérer ! — dans des formations géologiques profondes. Le problème ici, c'est que cette nouvelle technologie de capture du carbone en est encore au stade de la recherche et du développement. Sa capacité à réduire les émissions de GES suscite beaucoup de scepticisme chez tous les observateurs du monde de l'énergie, surtout en ce qui concerne la possibilité de réaliser des projets concrets dans un avenir proche. Quant à son coût, il est exorbitant…

Pour être juste, je dois mentionner que les États-Unis ne sont pas en reste à propos du développement accéléré de sources d'énergie à faible émission de carbone. On constate dans ce pays, comme ailleurs sur le globe, une effervescence remarquable à cet égard, et les budgets qu'on lui consacre échappent à la crise économique et financière mondiale.

La question du charbon n'est donc pas une mince

affaire ! Mais qu'on ne se fasse pas d'illusion : la fermeture des centrales thermiques au charbon n'est pas pour demain.

## Encercler pour mieux vaincre

Pour venir à bout de cette catastrophe écologique que représente le charbon, je suis convaincu, comme bon nombre d'analystes, que la meilleure stratégie est celle de l'encerclement.

Les initiatives citoyennes font partie de cette stratégie. Aux États-Unis, des projets de nouvelles centrales au charbon ont été annulés ou encore reportés lorsque des citoyens, parmi lesquels des politiciens, se sont opposés à leur construction. Le militantisme actionnarial a également donné des résultats. Lors des assemblées générales d'actionnaires des entreprises productrices d'énergie, ces derniers remettent en question ou même contestent certains projets. La pression populaire est une avenue à ne pas négliger.

Au mois de juillet dernier, le Sierra Club des États-Unis a annoncé avoir réussi à stopper, avec le concours de citoyens engagés, son centième projet de nouvelle centrale au charbon, un succès retentissant pour cette campagne, mais aussi de quoi nous donner de l'espoir pour la suite des choses[10].

Et que dire de ce partenariat entre le groupe d'investissement américain KKR, évalué à plus de 86 milliards de dollars, et le groupe écologiste Environmental Defense ? Dans le cadre de ce partenariat, qu'on appelle « le portefeuille vert », le fonds KKR, qui devait investir dans la construction de onze centrales au charbon dans l'État du Texas, a finalement décidé de n'en financer que trois.

Bien sûr, il faut poursuivre la lutte politique pour faire cesser les très généreuses subventions accordées aux projets destructeurs de l'environnement et du climat, lesquelles, à l'échelle mondiale, s'élèvent à 500 milliards $ US par année.

## De l'espoir en vue

Derrière ce tableau pour le moins mitigé apparaît une autre lueur d'espoir : selon une évaluation récente de l'Agence internationale de l'énergie, on devrait investir 16 000 milliards $ US dans le domaine de l'énergie d'ici 2030 ! C'est dans vingt ans, autant dire demain. Cette somme de 16 000 milliards équivaut à une fois et demie la valeur annuelle de tous les biens et services produits au sein de la plus puissante économie du monde, celle de nos voisins du sud, du moins avant qu'elle ne soit ralentie par la crise économique de l'automne 2008. Bref, c'est beaucoup, beaucoup d'argent[11] !

Personne ne sera surpris si je rêve au scénario qui suit. Imaginons que l'essentiel de ces sommes soit investi dans des sources d'énergie vertes à faible émission de GES : il deviendrait alors possible de transformer ces investissements en un formidable levier pour inverser le mouvement. Ces investissements verts seraient maximisés en matière d'efficacité et de rendement, et les coûts seraient moindres. L'adhésion à ces sources d'énergie vertes deviendrait un passage obligé. Ainsi pourrait-on créer un cercle

« vertueux » qui irait à l'encontre du cercle vicieux duquel nous sommes prisonniers à l'heure actuelle.

Un organisme spécialisé de l'ONU, l'Organisation des Nations Unies pour le développement industriel, estime que, pour en arriver là, il nous faudra tripler les investissements consacrés aux sources d'énergie renouvelables, tout en recentrant les politiques publiques de façon à accélérer la formation de ce cercle « vertueux ». À cette condition, nous amorcerons le virage vers une économie globale qui soit respectueuse de l'environnement avec, en son centre, une industrie verte.

Trop beau pour être vrai ? Pas du tout.

Et, pour clore ce chapitre, une autre bonne nouvelle ! Les réserves états-uniennes de charbon qui pourraient être exploitées de façon rentable sont beaucoup moins importantes qu'on le croyait[12]... Déjà, l'épuisement des puits de pétrole les plus accessibles fait grimper le prix du baril, et la disparition des meilleurs sites carbonifères va faire augmenter le coût du charbon. Et ce, pendant que le coût des technologies propres diminue constamment. Pour une fois, la balle serait dans notre camp ! L'élimination du charbon à l'horizon 2030 devient possible.

# CHAPITRE 7

# Pour une justice climatique

Je ne voudrais pas clore cette première partie, consacrée aux grands problèmes planétaires créés par les émissions de GES, à leurs enjeux et à la mise en place de solutions internationales, sans évoquer la question de la justice climatique, que beaucoup réclament mais qui tarde à s'imposer. Une justice sans laquelle des millions d'individus continueront à subir les effets de décisions irresponsables en matière d'environnement.

Lors de la conférence de Poznan tenue en décembre 2008, à l'occasion d'une rencontre avec le ministre fédéral de l'Environnement, j'étais convenu, avec d'autres représentants d'ONG canadiennes, d'inviter un collègue originaire du Bangladesh, pays appartenant au groupe des pays les moins avancés.

Nous souhaitions ainsi que le ministre canadien puisse être au courant d'une vision des choses qu'il semblait mal connaître. Pour l'essentiel, cette présentation mettait en valeur ce qui suit.

Les pays les moins avancés regroupent plus d'un milliard de personnes les plus vulnérables aux impacts des changements climatiques, et pourtant ils sont responsables de moins de 3 % des émissions planétaires de GES.

À l'opposé, le Canada, avec ses 36 millions d'habitants, contribue pour plus de 2 % aux émissions de GES planétaires, alors qu'il est certainement l'un des pays les mieux outillés pour faire face à la menace des changements climatiques.

Les changements climatiques sont littéralement un enjeu de vie et de mort pour les pays en développement, mais, pendant ce temps-là, le Canada refuse toujours de réduire ses émissions de GES.

## Faciliter l'adaptation des pays en développement aux changements climatiques

Tout se joue dans les zones qui sont touchées par la sécheresse ou la désertification et qu'il faut protéger, voire réhabiliter, et dans les zones insulaires ou côtières qui font déjà face à la montée des eaux. Pour soutenir ces pays dans leur adaptation à ces situations provoquées par les changements climatiques, on a prévu dans le protocole de Kyoto un fonds qui servirait à recueillir l'argent des pays qui sont à la fois les plus riches du monde et de très grands pollueurs. Ce fonds existe bien, mais il manque cruellement de moyens.

## Un appel à l'engagement des pays du Nord

Sur la scène internationale en général et sur le front de la lutte contre le réchauffement climatique en particulier, les nouvelles ne sont pas souvent bonnes. Alors, en aucun cas je ne voudrais bouder le plaisir que j'ai eu à lire le discours que le premier ministre britannique a prononcé le 26 juin 2009.

Ce que Gordon Brown y propose, c'est qu'une aide de 100 milliards $ US par année soit utilisée pour faciliter l'adaptation des pays en développement aux changements climatiques. La marque des 100 milliards par année serait atteinte en 2020, mais des fonds devraient être versés dès 2013.

Fort heureusement, le premier ministre britannique a bien pris soin de spécifier que cette aide doit s'ajouter à celle qui est déjà consentie par les pays riches au chapitre de l'aide au développement. On bloque ainsi la voie aux manœuvres des pays riches qui voudraient détourner les fonds de l'aide au développement pour les transformer en fonds d'aide destinés aux plus pauvres pour leur lutte contre le réchauffement climatique et leur adaptation aux changements climatiques.

De la part de la Grande-Bretagne, membre influent du G8, cela a de quoi surprendre. Parce que les sommes envisagées ici ne se situent pas à des années-lumière de celles qui ont été avancées par le Programme des Nations Unies pour l'environnement (PNUE), qui chiffre les besoins nécessaires à l'adaptation aux changements climatiques à 86 milliards $ US par année à l'horizon 2015.

La proposition du premier ministre Brown se rapproche également de l'évaluation faite par de nombreuses ONG reconnues sur la scène mondiale. Celles-ci estiment en effet que les pays industrialisés doivent s'engager, dans la période 2013-2017, à verser au moins 160 milliards $ US par année pour aider les pays en voie de développement à lutter contre le réchauffement et à s'y adapter[1].

Les pays africains, pour leur part, estiment à 267 milliards $ US par année, à l'horizon 2015, les sommes requises pour épauler les pays pauvres[2].

Pour parvenir à rassembler ces sommes, le chemin sera encore bien long... Le Fonds mondial pour la nature (WWF) estime en effet que le régime d'aide actuel totalise à peu près 25 milliards $ US par année. Si l'on tient compte des chiffres que je viens de mentionner, il faudrait investir au moins cinq fois plus !

Mais l'élément essentiel de tout ce débat est sans conteste un changement d'attitudes et de pratiques chez les pays riches, qui ont, hélas, un triste bilan de promesses non tenues en matière d'aide internationale, et pas seulement au chapitre du climat.

Pour des raisons évidentes, j'insiste ici sur la responsabilité des pays riches, mais cela ne veut pas dire qu'en matière d'environnement les attitudes et les pratiques des pays moins fortunés soient irréprochables.

## Une brève histoire de promesses brisées

Voici quelques jalons de cette histoire pas très réjouissante.

Dans le cadre du Sommet du Millénaire tenu à Johannesburg en 2002, les pays riches avaient tous souscrit aux objectifs du Millénaire, dont celui de réduire de 50 % l'extrême pauvreté et la faim dans le monde pour la période 2002-2015. Or qu'ont fait depuis les pays riches ?

En 2006 et 2007, les 22 principaux donateurs mondiaux ont… réduit le montant de leur aide publique aux pays en développement !

Et que dire de ces engagements formels pris au sommet du G8 de 2005 (tenu à Glenneagle en Grande-Bretagne) en vue de doubler l'aide publique à l'Afrique ? Eh bien, l'évaluation de l'ONG The One Campaign Group, chargée d'en faire le suivi, révèle que, si rien ne change, quatre ans et demi plus tard, le G8 n'aura concrétisé que 50 % de ses promesses faites à Glenneagle ! L'Italie, qui n'a versé jusqu'ici que 3 % des sommes promises, laisse entendre qu'elle va encore diminuer son aide à l'Afrique[3].

Sur la question précise du climat, les pays riches ont prétendu vouloir verser, au cours des sept dernières années, 18 milliards $ US aux pays moins nantis, au chapitre de l'aide à l'adaptation au réchauffement. De cette somme, moins d'un milliard de dollars américains ont effectivement été versés. Ce qui a fait dire à Bernarditas Muller, négociatrice en chef pour le Groupe des 77 à l'ONU, qu'il s'agissait là d'un « immense scandale ». Difficile de ne pas être d'accord avec elle. Et on comprend que cette série de promesses non tenues finit par saper la confiance nécessaire à l'évolution du dossier dans les temps requis.

Si les pays riches voulaient enfin faire preuve d'un peu plus de tenue morale, je leur suggérerais volontiers de prendre exemple sur la Suède, le seul pays au monde qui consacre bel et bien 1 % de son produit intérieur brut (PIB) à l'aide publique au développement (en plus de l'aide fournie aux pays les plus pauvres pour qu'ils puissent s'attaquer aux ravages causés par la hausse des températures), comme les pays ayant participé à la Conférence de Stockholm sur l'environnement humain s'y étaient engagés en 1972.

Comme le dit très justement l'historien et sociologue québécois Gérard Bouchard, si la Suède participe ainsi à l'aide au développement, au contraire de tous les autres pays riches, c'est parce que cette société reste fidèle, comme en bien d'autres domaines, d'ailleurs, à son mythe fondateur, celui de la « sensibilité sociale ». À quoi j'ajouterai que les dirigeants des pays riches, en particulier, devraient aussi faire preuve d'un minimum de « sensibilité climatique ».

On peut être un peu surpris de voir, sur cette question, James Wolfensohn, l'ex-président de la Banque mondiale, vitupérer contre les pays riches dans le *Bangkok Post* du 2 juin 2004 et s'indigner de ce que le produit intérieur brut (PIB) des pays plus pauvres soit amputé de 8 % par année à cause de la dégradation de l'environnement.

Ça, ce sont les statistiques, les « stats », comme on dit, abstraites et froides. Mais comment cela se manifeste-t-il dans la « vraie vie » ?

Le Global Humanitarium Forum, dirigé par Koffi Annan, l'ex-secrétaire général de l'ONU, nous avertit que déjà 325 millions de personnes sont sérieusement affectées par la sécheresse, les inondations, les pertes de bétail et la chute des rendements agricoles… Que la situation de 500 millions d'autres personnes est considérée à risque… Que le réchauffement climatique tue, tous les ans, 300 000 personnes[4].

Comment ne pas s'indigner ?

Comment ne pas être scandalisé aussi par cette autre situation qui surgit de plus en plus fréquemment et de façon très spectaculaire, dans laquelle sont plongés ces réfugiés d'un nouveau genre, ceux-là mêmes que les changements climatiques chassent de chez eux ?

## Les réfugiés écologiques

L'université des Nations Unies, le Columbia University's Centre for International Earth Science Information Network et l'ONG Care International nous auront prévenus : des migrations massives de réfugiés écologiques provoquées par les sécheresses, les inondations et la hausse du niveau des mers seront de plus en plus fréquentes. Combien seront-ils d'ici 2050 ? Quelque 200 millions ! C'est six ou sept fois la population du Canada tout entier.

Hélas, le problème ne s'arrête pas là.

### Le silence de la Convention de Genève

En effet, comme le souligne si justement le quotidien français *Le Monde* dans son édition du 19 juin 2009, les migrants écologiques ne relèvent pas de la définition que la Convention de Genève donne des réfugiés. On n'y trouve aucune référence aux victimes des dégradations de l'environnement. Ce qui a pour conséquence, entre autres, que ces migrants écologiques sont très mal protégés. Seule la Suède a pris l'initiative d'élargir la définition de la Convention de Genève et de l'intégrer dans sa législation nationale de façon à pouvoir accorder un véritable droit d'asile aux victimes d'une catastrophe naturelle.

Pourquoi ne pas ajouter un protocole additionnel à la Convention de Genève ? Cela faciliterait les choses, mais sans régler tout à fait la question, car on ne pourrait y inclure la notion de « déplacés internes ».

## Réfugiés dans leur propre pays

Dans la majorité des cas, le départ forcé d'une population donne lieu en effet à un déplacement au sein d'un même État. Il s'agit donc ici de renforcer la protection des personnes déplacées à l'intérieur de leur propre pays. Ce qui pose la question du rôle et du mandat du Haut-Commissariat des Nations Unies pour les réfugiés (HCR), qui restent mal définis en cas de catastrophe naturelle. Le HCR n'a aucun mandat pour intervenir dans ce genre de situation et, bien qu'il se soit récemment saisi de la question des changements climatiques, ses interventions ne sont pas systématiques[5].

En fait, ces réfugiés écologiques ou climatiques n'ont présentement aucun statut juridique international, et on comprend pourquoi il est impératif que la communauté internationale prenne la pleine mesure de cette crise[6].

Je parle ici de droits humains : droit à un statut de réfugié, aussi absurde que l'expression puisse paraître, droit à la vie, droit à la dignité, droit à l'eau. Autant de droits bafoués pour des centaines de millions de personnes, à la faveur des changements climatiques provoqués par l'activité humaine, surtout celle qui s'exerce… dans les pays riches.

# D'autres conséquences des changements climatiques sur les droits humains

## Le droit à la sécurité alimentaire

Je veux m'arrêter un instant sur le droit à la sécurité alimentaire et illustrer son lien avec la lutte à mener contre les émissions de GES. Un seul et unique exemple devrait suffire : celui du manioc et du sorgho.

Ces plantes sont aujourd'hui une denrée de base pour plus de 750 millions de personnes, et on estime qu'elles devraient l'être pour un milliard de personnes en 2050, principalement en Afrique. Des chercheurs de l'université Monash, à Melbourne en Australie, viennent de découvrir, avec horreur, que la récolte du manioc et du sorgho diminue de façon substantielle sous un régime à haute concentration de $CO_2$. Et que leurs feuilles deviennent à ce point toxiques que le risque d'empoisonnement au cyanure augmente considérablement pour quiconque, dans un futur pas si lointain, s'alimentera principalement de manioc, surtout lors d'un épisode de sécheresse.

C'est le pire de tous les mondes : le $CO_2$ provoque le réchauffement qui diminue la récolte et la rend possiblement toxique[7]. Il nous reste à peine 20 ou 30 ans pour développer des cultivars adaptés à un régime à forte teneur en $CO_2$ !

## Le cas du Darfour

Actuellement, c'est l'exemple du Darfour qui illustre l'impact massif des changements climatiques sur les droits humains. Ce qu'il est important de comprendre ici, c'est que les changements climatiques, en raison des transformations géopolitiques qu'ils entraînent, interviennent dans le déclenchement même de tels drames. C'est ce que confirme le scientifique australien Tim Flannery, dans son ouvrage sur les changements climatiques[8].

Même si la science des changements climatiques comporte encore beaucoup de zones d'ombre, Tim Flannery nous rappelle qu'elle a clairement établi que le réchauffement entraîne un déplacement des zones de précipitations vers des latitudes plus nordiques. On a détecté ce glissement au cours des années 1960, dans la région du Sahel, une zone de l'Afrique subsaharienne qui s'étend de l'océan Atlantique au Soudan. Les précipitations s'y sont faites de plus en plus rares, les conflits entre groupes en quête d'eau se sont multipliés et les catastrophes humanitaires s'y sont succédé.

Longtemps, l'Occident s'est rassuré en se disant que ce désastre avait été provoqué par les populations elles-mêmes : le surpâturage du bétail et la collecte du bois à brûler avaient détruit la mince végétation de la région. Et, à cause de cette sécheresse créée par l'homme, le vent avait fini par balayer le sol, qui dès lors n'était plus en mesure de retenir l'eau indispensable à la formation de la pluie.

La véritable origine du désastre n'a été dévoilée qu'en novembre 2003 : des climatologues du Centre national de recherche atmosphérique de Boulder (Colorado) ont en effet découvert que les dégradations provoquées par l'homme étaient trop insignifiantes pour avoir déclenché ce bouleversement climatique. En fait, une seule variable était responsable d'une grande partie du déclin des précipitations : la hausse des températures de surface de l'océan Indien, elle-même conséquence d'une accumulation de GES.

Dans le Darfour, à l'ouest du Soudan, les conséquences du basculement du climat ont mené à la catastrophe.

Nous connaissons tous la suite de l'histoire.

Pour conclure, je reviens un court instant au manioc et au sorgho. Si je ne me trompe pas, ces plantes sont des denrées de base en Éthiopie, où un paysan émet, bon an mal an et toutes activités confondues, six centièmes de tonne de $CO_2$. Un Canadien en émet 22 tonnes, un Québécois, 12. Respectivement 366 et 200 fois plus. Sans compter les vacances en Europe, à l'occasion desquelles il faut ajouter une autre tonne, par personne bien entendu, pour faire, disons, un aller-retour Montréal-Paris.

On ne peut pas comparer des pays comme l'Éthiopie et le Canada en raison de leurs différences géographiques, du niveau de vie de leurs habitants ou encore de leur base industrielle ? D'accord. Comparons donc le Canada à n'importe lequel des pays scandinaves qui, d'un point de vue social, économique et industriel, ressemblent au Canada. Ces pays-là consomment environ quatre fois moins d'énergie que nous.

Où est la justice dans tout ça ?

# SECONDE PARTIE

# Le Québec

# CHAPITRE 8

# Le Québec, modèle dans la lutte contre les changements climatiques

Le Québec deviendra-t-il un modèle planétaire dans la lutte contre les changements climatiques ? Qui, parmi nous, n'en rêve pas ? Mais le Québec en a-t-il la volonté ? En a-t-il les moyens ? Je suis de ceux qui pensent que oui : le Québec peut accéder à ce statut de leader. Mais, qu'on s'entende bien, cela ne va pas sans une réorientation de certains choix économiques, sans des changements de comportements individuels et collectifs et, bien sûr, sans une bonne dose de courage politique.

## Où en est-on au Québec ?

Une chose est sûre : au niveau de sa production d'électricité, le Québec possède déjà l'un des meilleurs bilans d'émissions de GES, comme l'indiquent les données du physicien Pierre Langlois (tableau de la page suivante). C'est un acquis important.

Il faut, par ailleurs, se souvenir que c'est le Québec — et non la Californie, comme beaucoup le croient — qui a été

| Intensité des émissions de GES par divers réseaux de production d'électricité, exprimée en équivalent $CO_2$ | |
|---|---|
| États | Intensité des émissions (g $CO_2$ /kWh) |
| Californie | 470 |
| États-Unis | 710 |
| France | 56 |
| Canada | 267 |
| Québec | 25 |

Source : Pierre Langlois, *Rouler sans pétrole*, Montréal, Éditions MultiMondes, 2008, p. 141.

le tout premier État nord-américain à se doter d'un plan de réduction des GES qui vise les objectifs de Kyoto. Ce plan date de 2006, c'est le plus ambitieux en Amérique du Nord et le seul qui soit susceptible d'atteindre la cible de Kyoto.

C'est encore le Québec qui, le premier, a instauré une taxe sur le carbone. Perçues depuis 2007, les recettes de cette taxe sur les carburants et les combustibles fossiles imposée aux sociétés d'énergie rapportent quelque 200 millions de dollars canadiens par année. Elles servent à financer des mesures écologiques, pour le transport en commun et l'efficacité énergétique en particulier.

En avril 2009, le gouvernement du Québec a aussi annoncé un programme appelé Climat municipalités, qui doit aider le milieu municipal à réduire ses émissions de gaz à effet de serre. Les organismes municipaux pourront se partager une enveloppe de 10 millions de dollars pour réaliser ou mettre à jour des inventaires de gaz à effet de serre et élaborer des plans d'action pour mener à bien les réductions prévues.

Une Bourse du carbone devrait également être mise en place prochainement. En mai 2009, la ministre québécoise du Développement durable et de l'Environnement, Line Beauchamp, a déposé un projet de loi en ce sens (le projet de loi 42). Y sont définies les modalités d'application pour rendre une telle Bourse rapidement opérationnelle sur le territoire du Québec et pour consolider la Bourse du carbone en préparation depuis deux ans à la Bourse de Montréal. Il est bien entendu que le Québec devra, pour ce faire, modifier sa Loi sur la qualité de l'environnement, qui ne prévoit pas de tels mécanismes.

Le Québec honore ainsi l'engagement qu'il a pris en signant en 2008 l'entente issue du Western Climate Initiative (WCI), un regroupement de quelques provinces canadiennes et d'États américains qui ont décidé de se doter d'un système de plafonnement et d'échange de crédits de carbone.

On peut aussi rappeler que le Québec est le premier État à l'extérieur des États-Unis à avoir adopté les normes de la Californie en matière de pollution automobile, qui sont les plus ambitieuses en Amérique du Nord et qui forcent les fabricants d'automobiles à produire des voitures de plus en plus propres et efficaces. Le gouvernement Charest a été applaudi par des groupes écologistes d'ici et d'ailleurs, dont la Fondation David-Suzuki, Greenpeace et Équiterre, pour cette initiative.

## Le front diplomatique

Au début de l'été 2009, le premier ministre du Québec, Jean Charest, a parcouru l'Europe et ouvert un nouveau front de lutte pour contrer le réchauffement climatique. Il s'efforce de faire reconnaître les États fédérés (provinces, États, régions) comme des interlocuteurs officiels dans les conférences internationales sur les changements climatiques. Et il exige pour le Québec une place au sein de la délégation canadienne et une participation active lors de l'élaboration de la position fédérale.

Québec cherche à garder son leadership au Canada et va s'allier à d'autres provinces — l'Ontario, le Manitoba, la Colombie-Britannique — qui affichent des positions susceptibles de faire avancer les négociations internationales sur les changements climatiques. Sur le plan national, par exemple, ces provinces se sont entendues pour désapprouver vivement les positions rétrogrades de Stephen Harper qui, au nom d'une idéologie opposant encore environnement et économie, veut gagner du temps pour aider les pétrolières et d'autres industries polluantes.

## La carboneutralité, l'objectif ultime du Québec

Quand on observe la détermination dont il fait le plus souvent preuve dans son combat contre les émissions de GES, quand on constate ses avancées significatives dans cette lutte, il n'est pas fantaisiste de penser que le Québec pourrait rejoindre le club sélect des nations qui se sont fixé pour objectif de devenir « carboneutres ». Ce club, qui résulte d'une initiative des Nations Unies pour donner une vitrine aux pays adoptant des mesures concrètes et efficaces, compte parmi ses membres le Costa Rica, l'Islande, les Maldives (océan Indien), la principauté de Monaco, la Norvège et la Nouvelle-Zélande. Être admis dans un tel groupe est une chose, devenir un État carboneutre en est une autre. Mais, là aussi, le Québec a des atouts majeurs.

## Les étapes à franchir

Faire du Québec, à l'horizon 2030, un État carboneutre, voilà un projet de société porteur et exaltant… Dans une première étape, le gouvernement aura à rassembler les forces vives du Québec autour de ce projet. Il devra également, d'ici 2020, avoir réduit d'au moins 20 % les GES, comme le projettent aussi les Européens.

L'autre étape consiste à déterminer les obstacles à franchir pour concrétiser ce projet. Car, s'il veut maintenir sa position de leader, le Québec devra continuer à mettre de l'avant des mesures proactives et ambitieuses et relever certains défis. Ce sera le thème de cette seconde partie, dans laquelle j'indique les domaines où nous pourrions faire des gains substantiels et rapides pour consolider notre développement durable et améliorer notre bilan de carbone.

Mais, avant d'aborder ces questions, je veux m'arrêter sur une pratique qui peut aider à réduire les GES et qu'on appelle l'efficacité énergétique. Quel que soit le domaine, transport, production industrielle, production d'énergie renouvelable ou bâtiment, on ne doit pas se passer d'elle.

## L'efficacité énergétique

De quoi parle-t-on au juste quand on parle d'efficacité énergétique ?

Il existe toutes sortes de définitions de cette notion, mais j'aimerais en proposer une de mon cru. Je la définirai comme une action ou un geste qui permet de réduire l'énergie nécessaire à la production d'un bien, mais sans en diminuer la qualité. En d'autres termes, il s'agit de faire plus avec moins et de réduire ainsi le gaspillage et l'inefficacité de notre économie.

Où le Québec en est-il en matière d'efficacité énergétique?

Les auteurs de *Manifestement vert*, François Tanguay et Jocelyn Desjardins, rappellent qu'Hydro-Québec s'est vu confier le mandat de fournir, grâce à l'efficacité énergétique et d'ici 2015, l'équivalent de la production annuelle de deux centrales nucléaires de la taille de Gentilly II. Voilà qui est intéressant.

Dans la déclaration, diffusée à la fin du printemps 2009, du ministre des Ressources naturelles, dont relève Hydro-Québec, on peut aussi lire la volonté du gouvernement actuel d'aller plus loin encore en matière d'efficacité énergétique et d'« accentuer les efforts ». Je ne saurais être plus d'accord! D'autant que les gisements de « négawatts » (kilowatts économisés) sont considérables.

Dans tous les domaines, on peut en effet rationaliser la production et la consommation d'énergie. Prenons l'exemple de la consommation d'électricité aux États-Unis. Une analyse de plusieurs études réalisées en 2004 démontre qu'on peut techniquement réduire cette consommation d'électricité à des coûts concurrentiels dans une proportion de 13 à 27 % selon les États[1].

Au Québec, cette rationalisation énergétique est aussi

réalisable grâce aux innovations technologiques, qui progressent à un rythme accéléré. À un point tel qu'on peut affirmer sans hésitation qu'une des principales limites aux économies d'énergie, ce sont les limites de notre imagination !

On sait qu'aux États-Unis on associe très justement la réduction des émissions de GES et la réduction de la consommation énergétique. Une partie importante de l'électricité y est produite par la combustion du charbon dans des centrales thermiques, et on a vu l'impact considérable de cette ressource fossile sur les changements climatiques. Mais, au Québec, la corrélation entre la consommation énergétique et les émissions de GES est moins forte, parce que l'essentiel de l'électricité y est d'origine hydroélectrique et que cette production d'énergie émet nettement moins de GES que le charbon. Reste que, comme on le sait, toute production d'énergie a une empreinte écologique.

Le Québec pourra-t-il donc devenir un État carboneutre ? On comprend maintenant que la question n'est pas de savoir s'il peut atteindre cet objectif, mais bien s'il le veut. Et, pour ma part, je veux espérer que c'est oui !

## Le Québec adopte l'ACV

L'analyse du cycle de vie — ne pas confondre son acronyme (ACV) avec celui des accidents cérébrovasculaires… —, qu'on appelle aussi « écobilan », évalue l'impact écologique et socioéconomique d'un produit en prenant en considération toutes les étapes de son cycle de vie. Il peut s'agir d'un produit, mais aussi d'un service ou encore d'un système.

L'ACV tient compte de l'extraction et de la transformation des matières premières, de l'emballage et du transport, de l'utilisation et de la fin de vie d'un produit. En fin de compte, elle vise la mise en marché de produits qui seraient entièrement récupérables et recyclables. Donc, *exit* les pellicules de plastique à base de pétrole, les appareils électroniques, les électroménagers et les carcasses de voitures qui s'entassent dans les sites d'enfouissement, et bienvenue à une société sans déchets...

Quelques entreprises québécoises intègrent déjà l'ACV dans le cadre de leurs activités. Cycle Capital Management, un fonds d'investissement québécois, tient compte de l'ACV, mais aussi de la portée sociale, écologique et économique des technologies sur lesquelles il choisit de miser. Cette démarche lui a valu la reconnaissance du Programme des Nations Unies pour l'environnement.

Vaperma, une entreprise dans laquelle ce fonds a investi, développe maintenant des technologies qui permettent de réduire la consommation d'énergie de 35 %, voire de 40 %, pour certains procédés industriels. La société SiXtron matériaux avancés, soutenue elle aussi par CCM, détient une technologie d'avant-garde qui permet de rendre plus efficace et plus sécuritaire la production manufacturière dans le secteur solaire.

Une autre entreprise québécoise mène, depuis avril 2008, une expérience intéressante en matière d'ACV. La firme RONA, bien connue dans la vente au détail, s'est ainsi associée à l'un des centres de recherche les plus importants au monde dans ce domaine, le Centre interuniversitaire de recherche sur le cycle de vie des produits, procédés et services. Ce centre de recherche procède à l'ACV d'un certain nombre de produits et guide les choix de l'entreprise en fonction de quatre indicateurs de performance : les changements climatiques, la santé des écosystèmes, la santé humaine et les ressources naturelles. Une nouvelle gamme de produits a même été créée et comprend des produits dont l'évaluation a démontré qu'ils ont une incidence écologique moindre que les produits habituels équivalents. Il peut s'agir de sacs biodégradables et compostables, de produits nettoyants, d'outils et même de fertilisants. Il faut espérer que les entreprises concurrentes suivront rapidement cet exemple.

## L'Europe choisit aussi l'ACV

Depuis 2005, l'Union européenne travaille à la Plateforme européenne sur l'ACV, un projet qui vise à uniformiser la réglementation afin que les règles du jeu soient les mêmes pour tous. En fait, l'UE veut mettre fin au *dumping* écologique, c'est-à-dire à la délocalisation d'entreprises des pays industrialisés vers les pays où les règles écologiques sont plus laxistes. Au lieu de niveler par le bas la réglementation relative à l'environnement, l'UE décide de niveler par le haut. En normalisant son propre territoire.

On cherche donc à rendre obligatoire l'ACV, ce qui implique que toute entreprise qui souhaitera vendre dans le marché européen, qu'elle soit située en Europe, au Canada ou encore en Chine, devra utiliser l'ACV dans la conception de ses produits.

# CHAPITRE 9

# Les transports

Le moins qu'on puisse dire, c'est qu'en matière de transports le Québec est plutôt lent (en ce qui concerne la réduction des gaz à effet de serre, s'entend). Quand on sait que, à l'échelle de la planète, le secteur du transport motorisé (terrestre, maritime et aérien) produit 17 % des émissions totales de GES et qu'au Québec le transport terrestre compte pour 38 % de notre bilan de carbone — c'est plus du double! —, on peut espérer un peu moins d'attentisme de la part de l'État québécois.

Dans la grande région de Montréal, la situation est encore plus alarmante, puisque ces émissions représentent 48 % du total. Selon Richard Bergeron, auparavant à l'Agence métropolitaine de transport et aujourd'hui chef du parti politique municipal Projet Montréal, ce taux grimpe à 58 % sur l'île de Montréal.

Et si l'on fait l'analyse du cycle de vie des véhicules, donc si l'on tient compte de l'énergie consommée et des GES produits pour leur fabrication et leur mise au rancart, on arrive à 68 %. Et si, pour être encore plus exact, on prend en compte l'énergie consacrée à la construction et à l'entretien des routes, des ponts et des stationnements, ce taux atteint 78 %[1]…

## Les projets d'autoroute

Qu'on retienne bien ces chiffres, avant de discuter de ces deux projets autoroutiers majeurs que le gouvernement du Québec et son (trop) puissant ministère des Transports ont imposés aux autorités municipales de Montréal. Je fais ici référence au prolongement de l'autoroute 25 et au réaménagement de l'échangeur Turcot. Selon de très nombreuses estimations, ces projets feraient augmenter de 95 000 par jour le nombre des déplacements vers le centre-ville.

Si l'on voulait miner les efforts de Montréal pour réduire les GES, on ne ferait pas mieux ! Que le gouvernement provincial verse une aide de 45 millions de dollars à l'industrie du transport par camion, par train et par bateau pour diminuer les émissions de GES ne change pas grand-chose à l'affaire. Pour le seul projet de réaménagement de l'échangeur Turcot, ce qui est en jeu, c'est un milliard et demi de dollars.

Si le projet de l'autoroute 25 est en voie de réalisation, celui de l'échangeur Turcot fait toujours l'objet d'études au Bureau d'audiences publiques sur l'environnement (BAPE). Pour le moment, donc, le conseil des ministres ne peut rien décider à son sujet sans avoir pris connaissance des recommandations du BAPE, même si l'on sait que le ministère des Transports, lui, cautionne entièrement le projet…

Et bien à tort. Car comment peut-on défendre un tel

projet alors même que la suprématie du véhicule terrestre comme moyen de déplacer des personnes et des marchandises est massivement remise en question ? Le ministère des Transports a d'ailleurs dû admettre qu'il avait échafaudé son projet de l'échangeur Turcot sans avoir révisé au préalable l'ensemble de son plan stratégique, un plan qui date... de plus d'une quinzaine d'années. C'est dire...

Je ne suis pas le seul à souligner le caractère rétrograde d'un tel projet. Michel Labrecque, fondateur de Vélo Québec et aujourd'hui président de la Société de transport de Montréal, a estimé, lors de son témoignage aux audiences publiques du BAPE, que ce projet s'inscrivait dans « une logique des années soixante ».

## Les transports en commun

Il est inutile de débattre longtemps pour convenir que les transports en commun émettent moins de GES que la voiture solo.

S'ils font quand même mieux que les automobiles, il ne faut pas pour autant prétendre que, tels qu'ils fonctionnent aujourd'hui, ils sont une panacée aux émissions de gaz à effet de serre.

Le gouvernement du Québec cherche, je le lui accorde, à accroître le développement de ce type de transports et à améliorer les conditions de transport des usagers. Il a ainsi consenti des sommes importantes à la revitalisation des transports en commun, en particulier celle des trains de banlieue. Il a par exemple établi une ligne Montréal-Delson, rétabli la ligne Montréal-Saint-Hilaire et prolongé la ligne Montréal-Blainville jusqu'à Saint-Jérôme. On peut aussi noter des investissements importants pour établir la ligne Montréal-Repentigny-Mascouche, sans parler d'un investissement de plus d'un milliard de dollars pour remplacer les voitures du métro de Montréal.

Mais je vois là, dans cette question de financement, trois écueils majeurs.

D'abord, je doute que l'état des finances publiques permette au Québec d'investir tous azimuts comme il le fait actuellement. Le projet Turcot représente, je le rappelle, un bon milliard et demi de dollars. Récemment, le ministère des Transports, qui s'obstinait encore il y a peu à le réaliser, a suspendu son projet d'autoroute sur ce qui est aujourd'hui la rue Notre Dame Est, parce que les coûts avaient fortement augmenté : ils étaient passés de 750 millions à plus d'un milliard et demi de dollars !

Ensuite, même si des progrès ont été réalisés du côté des transports en commun, il subsiste au Québec un retard important à rattraper sur ce plan. Selon une étude commandée à la firme Sécor par la Chambre de commerce du Montréal métropolitain, non seulement les dépenses des organismes montréalais de transports en commun ont très peu augmenté au cours des dernières années, mais — et c'est là le plus grave — les budgets des autorités organisatrices de transport (AOT) de la région ont récemment été abaissés au niveau qu'on observait au milieu des années 1990. Alors que, pendant la même période, l'achalandage a augmenté, lui, de 12,5 %…

Et ce n'est pas tout ! À cette baisse des budgets se joint un sous-financement des transports en commun. C'est la conclusion qu'énonce une étude de l'Association canadienne du transport urbain (ACTU). En 2007, le gouvernement provincial de Jean Charest aurait versé 40 dollars par habitant pour les autobus, le métro et les trains de banlieue. C'est près de quatre fois moins que ce qu'octroie par habitant le gouvernement de la Colombie-Britannique aux transports collectifs dans sa province. Quant à l'Ontario, qui attribue 105 dollars par habitant, et à l'Alberta, 60 dollars par habitant, ils battent nettement le Québec sur cette question de financement.

Enfin, le gouvernement du Québec ne pourra éviter de faire des choix. Et, si ce qu'il souhaite, c'est bien d'accélérer au maximum le développement des transports en commun, alors, pour y parvenir, il devra lui consacrer l'essentiel des sommes attribuées au développement de l'ensemble des transports.

L'option des transports en commun est aussi incontournable si l'on tient compte de leurs retombées économiques. J'en veux pour preuve ce que révèle cette même étude de Sécor. Et, si le gouvernement est taraudé par la question de l'emploi, il devrait en tenir compte.

Les dépenses des sociétés de transports en commun, apprend-on dans l'étude de Sécor, sont en effet deux fois plus efficaces pour stimuler l'économie québécoise que les dépenses équivalentes pour le transport par automobile. Ce qui est plutôt encourageant. Et comment explique-t-on cette différence ? Tout simplement parce que les transports en commun exigent moins de produits importés que l'automobile. En matière de dépenses, ces importations ne constituent que 10 % des dépenses des transports en commun, alors qu'elles représentent plus de 50 % des dépenses du transport par automobile.

Toujours à l'avantage des transports en commun, cette même étude en arrive à la conclusion qu'un déplacement en transports en commun coûte de deux à trois fois moins cher qu'un déplacement en voiture. On parle ici bien entendu du coût unitaire d'un déplacement. Ainsi, en 2003, grâce aux transports en commun, les ménages de la région montréalaise ont pu économiser 570 millions de dollars en frais de déplacement et accroître d'autant leur pouvoir d'achat. C'est assez convaincant.

Quand, au lieu de les consacrer aux dépenses pour la voiture, on se sert des 570 millions de dollars pour des dépenses personnelles, cela génère deux fois plus de retombées économiques pour la région. Et c'est tout bénéfice pour les commerçants et les manufacturiers qui s'y trouvent !

Inutile de tergiverser, les transports en commun sont les grands gagnants quand il s'agit de réduire les émissions de GES, de créer des emplois et de faire rouler l'économie.

Sur ce même terrain de l'économie, le Québec aurait aussi tout à gagner à se libérer du pétrole en réduisant sa consommation d'essence et de diesel dans les transports routiers. À la clé, il profiterait d'un allégement significatif du déficit de sa balance commerciale. Ce déficit a en effet littéralement explosé, à cause non seulement de la croissance de la consommation de pétrole, mais aussi des importantes hausses du prix du pétrole — le prix du pétrole brut au Québec a augmenté de 163 % en 7 ans[2]. Et, selon une étude du ministère des Finances du Québec, une hausse de 5 cents du prix des hydrocarbures représente une perte de 6 millions de dollars pour le gouvernement[3].

D'un solde négatif moyen de trois milliards de dollars à la fin des années 1990, la balance commerciale est passée à près de – 10 milliards de dollars en 2005[4]. Et les perspectives ne sont guère plus rassurantes, comme le démontre une étude d'Équiterre : à 105 dollars le baril, le déficit passe de 10 à 15 milliards de dollars, à 150 dollars le baril, il passe à 21 milliards de dollars, et à 200 dollars le baril, l'impact atteint 28 milliards de dollars[5]...

Une véritable hémorragie économique ! Éviter que de tels montants ne quittent le Québec pour aller enrichir les coffres d'autres États dans le monde permettrait à son gouvernement de consacrer tout cet argent à l'éducation, à notre système de santé ou aux investissements dans la création d'emplois.

## L'électrification des transports

Voilà un autre fabuleux gisement d'économies d'énergie que l'électrification des transports. Et le Québec, dont le réseau électrique produit un très faible taux de GES, est certainement le lieu idéal pour procéder à l'électrification des transports routiers.

On peut aussi garder en mémoire ces quelques faits, qui confirment bien l'intérêt incontestable de cette possible révolution technologique.

• Au Québec, plus de 70 % des produits pétroliers énergétiques[6] sont consommés par le secteur des transports ; le transport routier accapare 86,7 % de la consommation totale de produits énergétiques pétroliers[7].

• Une voiture électrique performante à moteur central consomme cinq fois moins d'énergie qu'une voiture à essence[8].

• Une voiture hybride « branchable », c'est-à-dire qu'on pourra brancher à la maison afin d'en recharger les piles électriques (technologie souvent désignée par l'expression *plug-in hybrid*), équipée de quatre roues motrices est tout à fait capable de réduire la consommation de pétrole de 80 à 90 %[9] !

Au printemps 2009, on a appris qu'un projet de trolleybus était à l'étude à Laval. Enfin une excellente nouvelle ! Ce moyen de transport remarquablement silencieux va pouvoir contribuer à la réduction des problèmes de bruit en milieu urbain.

Et puis, les trolleybus sont beaucoup moins polluants et émettent bien moins de gaz à effet de serre que les autobus traditionnels.

Mais surtout, le moteur électrique du trolleybus est de trois à quatre fois plus efficace que le moteur à essence (ou au diesel) pour transformer l'énergie en mouvement. Dans le cas du moteur électrique, on parle d'une efficacité de 94 %, alors que le moteur à essence n'a qu'une efficacité de 20 à 25 %.

En fait, presque les trois quarts de l'énergie générée par les moteurs à combustion interne (le bon vieux moteur à essence) se perdent en chaleur dans l'atmosphère. Décidément, on en dissipe, de l'énergie dans l'atmosphère !

### Des camions électriques ?

Quelles perspectives peut-on attendre de l'électrification de ces camions lourds qui, aux États-Unis en 2006, ont consommé 16 % du pétrole utilisé par les transports routiers[10] ?

Si l'on combine un aérodynamisme poussé et de meilleures technologies, dont un moteur diesel à 55 % d'efficacité, la consommation de carburant d'un camion remorque hybride avancé de 2025 pourrait diminuer globalement de 60 %[11]. L'usine de camions lourds de la multinationale Paccar, à Sainte-Thérèse (au nord de Montréal), a d'ailleurs annoncé en mars 2009 avoir conclu avec la société Coca-Cola un contrat pour la fabrication de camions hybrides 30 % plus efficaces[12].

On ne peut le nier, dès qu'on aborde la question des transports, on fait face à un portrait saisissant du gaspillage auquel nous nous livrons, au moment même où les ressources en pétrole se font de plus en plus rares et de plus en plus chères.

Mais en même temps se dessinent des solutions formidables qui nous permettront enfin de réduire nos émissions de GES. Il serait question, dans les transports routiers, d'économies d'énergie de plus de 70 %. Une petite mine d'or ! Du pelletage de nuages ? Pas du tout.

Avant d'aller plus loin, il me paraît important de faire une mise au point. Qu'on me comprenne bien : je ne plaide certainement pas ici pour l'automobile solo, si propre soit-elle. Je ne pars pas non plus systématiquement en guerre contre elle. Mais je suis absolument convaincu de la supériorité des transports collectifs.

Si la tendance se maintient, on pourrait se retrouver avec un parc automobile de quatre milliards de véhicules en 2055 sur l'ensemble de la planète[13]. Ce parc se chiffre aujourd'hui à 800 millions pour une population qui compte six milliards et demi d'individus. Le ratio automobile-population passerait d'une auto pour six personnes à une auto pour deux personnes ! Et, comme le dit en boutade Michel Labrecque : « Quand bien même toutes ces autos fonctionneraient à "l'huile de pet", où va-t-on trouver les ressources pour les construire, fournir des pneus année après année, construire et entretenir de nouvelles routes ? »

Si l'on fait maintenant entrer en jeu la question de l'eau, que constate-t-on ? Ricardo Petrella, politologue bien connu au Québec pour sa croisade en faveur de la préservation de cette ressource essentielle, estime à plusieurs centaines de milliers de litres l'eau nécessaire à la fabrication d'une voiture et de toutes ses composantes, ce qui va de l'extraction du minerai de fer aux ateliers de peinture, en passant par les laminoirs qui pressent la tôle d'acier !

Aux États-Unis, les autorités estiment que les seules fuites d'huile à moteur qui ruissellent sur le pavé représentent un volume annuel de 400 millions de litres. Soit, dans nos égouts, l'équivalent du naufrage d'un *Exxon Valdez* tous les ans !

Que faire ? Concevoir et mettre sur le marché des voitures « propres » ?

## Des voitures rechargeables

Des batteries ultraperformantes, telle la batterie lithium-ion, véritable révolution pour les voitures électriques, sont déjà sur le marché. En 2010, on devrait voir le lancement de la Chevrolet Volt, une hybride à batterie. Pour des distances supérieures à 40 km, la batterie sera rechargée grâce à un petit moteur à essence. La Volt est également rechargeable. Au terme d'un parcours inférieur à 40 km, on pourra recharger la batterie pour le trajet du lendemain en la branchant, chez soi ou au bureau, sur le réseau électrique. Je sais bien que GM n'a pas très bonne réputation par les temps qui courent, mais quand même, cela redore un peu son blason ! Et la nouvelle qui suit pourrait être de nature à vous rassurer : le 5 août 2009, le gouvernement du président Obama a annoncé un programme de 2,4 milliards $ US pour soutenir une série de projets relatifs à la traction électrique des véhicules ainsi qu'aux batteries. C'est là, de loin, le plus important investissement public en la matière. En Europe, l'Allemagne vise un parc automobile de un million de voitures électriques d'ici 2020, et la Chine, pas moins de 500 000 !

L'utilisation de batteries pour les voitures, si elle semble être une solution d'avenir, pose toutefois un problème quasi insoluble ! Car, avec tous ces véhicules dont il faudra recharger les batteries, on risque bien de surcharger le réseau électrique du Québec et, pour résoudre la question, on devra harnacher d'autres rivières afin de produire l'énergie nécessaire. Et le cercle se referme…

Pierre Langlois nous propose une solution brillante :

l'énergie géothermique[14]. Or, selon ce physicien, si tout le chauffage électrique des bâtiments au Québec passait à la géothermie, on pourrait réduire de 10 % la consommation d'électricité. De plus, et c'est là que la proposition de M. Langlois est astucieuse, recourir au chauffage géothermique nous permettrait de libérer toute l'énergie nécessaire pour faire fonctionner le parc de véhicules électriques hybrides et « branchables » du Québec, sans qu'on ait à construire de nouvelles centrales électriques.

Étant donné l'étendue de l'empreinte écologique des transports routiers dans une société dont l'économie est largement fondée sur l'industrie automobile, je ne peux qu'insister sur l'intérêt manifeste de telles propositions.

Je ne voudrais pas clore ce chapitre sur les transports sans évoquer une question qui concerne de près ceux qui ont à se déplacer en voiture, je veux parler de la vitesse au volant.

## Sport extrême

Depuis plusieurs années, je pratique un sport extrême qui n'est ni l'escalade (même si j'ai escaladé la tour du CN en 2001 pour faire pression sur le Canada afin qu'il ratifie le protocole de Kyoto), ni le saut en parachute, mais bien le respect des limites de vitesse…

Au cours des dernières années, certains comportements au volant ont beaucoup évolué, qu'on pense au port obligatoire de la ceinture de sécurité ou à l'intolérance en matière de conduite en état d'ébriété, mais tel n'est pas encore le cas pour la vitesse au volant.

En 2007, la Table québécoise de la sécurité routière a rendu public un rapport visant l'amélioration du bilan routier québécois. On y constate que le nombre des victimes ou des blessés sur les routes du Québec a beaucoup diminué au cours des dernières années, mais que nous pouvons faire encore beaucoup à ce sujet.

Je suis toujours un peu sidéré de voir le nombre des voitures qui me doublent sur l'autoroute ou sur les routes secondaires pendant que je roule au maximum de la vitesse permise. Il n'est pas rare qu'on me « chante une poignée de bêtises », comme dirait mon père, et un automobiliste particulièrement agressif m'a déjà menacé de mort si je ne « m'ôtais pas de son chemin la prochaine fois » !

Pourtant, comme nous le rappelle Jean-Marie De Koninck, fondateur de l'opération Nez rouge et président de cette table de concertation, les statistiques parlent d'elles-mêmes, « si les conducteurs québécois avaient respecté les limites de 50 km/h, il y aurait eu une diminution de 83 % des collisions frontales, de 44 % des collisions latérales et de 23 % des accidents impliquant des piétons[15] ».

En plus de réduire les risques d'accidents, une baisse de la vitesse permet également de réduire la pollution et la consommation d'essence : passer d'une vitesse de croisière de 120 km/h à 100 km/h abaisse de 20 % la consommation de carburant, en plus d'amoindrir la pollution[16]. Ce à quoi il peut être utile de penser quand on est derrière un volant !

# CHAPITRE 10

# L'aménagement du territoire

Réfléchir aux impacts écologiques et économiques du transport mène inévitablement à s'interroger sur l'aménagement du territoire, qui sera un facteur de nos succès, ou de nos échecs, dans la lutte contre les changements climatiques. Je ne ferai offense à personne en rappelant que la banlieue est une création de l'automobile. Or l'étalement urbain est difficilement conciliable avec les exigences qu'implique la réduction des émissions de GES. Et certains constats s'imposent.

Pourquoi, à l'heure actuelle, le choix d'aller vivre en banlieue est-il encore dominant ? Parce que l'accès à la propriété y est beaucoup plus abordable que dans les villes. Selon Richard Bergeron, dans la grande région de Montréal, « fin 2003, la valeur moyenne des logements neufs était de 165 000 $ en couronne nord, contre 189 000 $ à Laval, 250 000 $ sur le Plateau-Mont-Royal et 342 000 $ au centre-ville. Mieux, un logement sur cinq construit en troisième et quatrième couronne était vendu à moins de 150 000 $[1] ». La logique économique tend donc à la multiplication des couronnes.

Tout le monde sait que cet avantage apparent de la banlieue s'annule puisque, le plus souvent, habiter loin du centre-ville nécessite l'achat d'une seconde automobile par famille. Malgré cela, quand vient le temps de comptabiliser la mise de fonds pour l'achat d'une première maison, les jeunes couples font presque systématiquement le choix de la banlieue.

Si le lien direct entre l'étalement urbain, le nombre de kilomètres parcourus et les émissions de GES est assez évident, il ne faut pas faire l'impasse sur les coûts sociétaux[2] qu'un tel étalement entraîne, en particulier les coûts du transport des personnes qui vivent dans les couronnes des villes-centres. Comme le rappelle Richard Bergeron, au cours des 10 dernières années, on a investi un milliard de dollars dans la relance des trains de banlieue, et il reste à construire de nouvelles lignes. Le coût total de ces projets est de 500 millions à un milliard de dollars. Laval a eu droit à un prolongement du métro au coût de 800 millions, et on prévoit, pour Brossard, un train léger dont les coûts seraient similaires[3]. Certes, il s'agit ici de ces transports collectifs dont j'ai précédemment défendu l'usage et le développement. Mais, en raison des sommes considérables qui sont investies, comment ne pas s'interroger sur la nécessité de freiner l'étalement urbain ?

### Comment freiner l'étalement urbain ?

En mai 2009, Nathalie Normandeau, alors ministre des Affaires municipales, a déclaré qu'il faudrait désormais limiter le développement des banlieues. Pour y parvenir, et favoriser ainsi la densification du territoire[4], il faudrait à son avis occuper les villes plus intelligemment et relever le défi de « refaire la ville sur la ville ». C'est là une proposition intéressante dont il faudra certainement reparler. Réhabiliter le centre-ville et les secteurs urbanisés fait aussi partie du défi que lance la ministre. Mais, pour cela, il faut procéder à une indispensable refonte de la Loi sur l'aménagement et l'urbanisme, qui date de 1979. On ne peut que se réjouir de cette prise de position de la part d'une des élues les plus influentes du conseil des ministres de Jean Charest, même s'il est difficile de savoir ce qu'est, au juste, son plan de match et ce que seront les engagements des 15 ministères concernés par ces propositions… Je veux quand même y voir aussi un signal sans équivoque lancé en direction du puissant ministère des Transports, le grand vizir des autoroutes, qui pense encore l'aménagement du territoire en fonction de la voiture et s'accroche à l'idée qu'il faut lui accorder la plus grande place possible : vision d'un autre temps…

La question de l'étalement urbain inclut un enjeu de sécurité et de souveraineté alimentaires pour le Québec : tous les 10 ans, les agriculteurs québécois perdent l'équivalent de l'île de Montréal en terres agricoles[5] ! On peut rappeler à ce sujet que le prolongement de l'autoroute 30 en territoire zoné agricole (par suite d'une décision du gouvernement libéral auquel appartient, rappelons-le, Nathalie Normandeau) va entraîner la perte de 550 hectares de terres arables, parmi les meilleures du Québec[6].

## Réformer la fiscalité

Avant toute chose, il faut aborder de front la question de la fiscalité. Pourquoi ? Tout simplement parce que les municipalités, en l'occurrence les municipalités de banlieue, sont en quelque sorte victimes d'un système qui ne leur laisse d'autre choix que de chercher à croître et à empiéter davantage sur les terrains zonés verts (terres agricoles).

En effet, les recettes tirées de la taxe foncière sont, à toutes fins pratiques, leur seule source de revenu. La seule avenue qu'ils ont pour augmenter leurs recettes — afin, par exemple, de construire un centre culturel ou sportif —, c'est de favoriser une expansion territoriale, accaparer de nouveaux terrains pour la construction de nouvelles habitations et de nouveaux centres commerciaux sur ce qui était jusqu'alors des... terres agricoles.

Pratiquement pas une semaine ne se passe au Québec sans qu'une municipalité ne présente une requête à la Commission de protection du territoire agricole (CPTAQ) pour lui demander de dézoner des terres.

La dernière requête portée à mon attention est celle de la Ville de Sainte-Julie, sur la Rive-Sud de Montréal, qui demandait encore une fois à la Commission de protection du territoire agricole d'exclure 78 hectares de la zone agricole permanente[7].

Évidemment, les villes-centres comme Montréal n'ont plus à se préoccuper de l'empiètement sur les terres zonées agricoles ! Mais le problème qui les afflige concernant leurs revenus est essentiellement le même qui pousse les villes de banlieue à s'étendre inexorablement : comment hausser les rentrées fiscales de façon à bonifier l'offre de services à la population ?

Il faut proposer des incitatifs fiscaux pour éviter que les villes-centres ne fassent pas l'objet d'une concurrence déloyale de la part des couronnes et que leurs centres-villes respectifs deviennent plus attrayants. Par exemple, une fiscalité « plus agressive ou plus proactive », comme le propose la ministre de l'Environnement, et qui a attiré les entreprises du secteur multimédia dans le quartier Saint-Roch à Québec et contribué à sa relance. Ou encore, comme Montréal l'a récemment proposé, la cession aux villes d'une partie de la taxe de vente du Québec (TVQ), dont la totalité des recettes revient actuellement au gouvernement provincial.

### L'écofiscalité

Il faudrait également s'inspirer de ce qu'on appelle l'écofiscalité, qui constitue l'un des fondements d'une économie durable. De quoi s'agit-il ? On parle ici d'un outil fiscal, rattaché aux produits et services ayant un impact sur l'environnement, qui va favoriser une consommation plus responsable. Ainsi, d'un côté, on réduit (ou même on supprime) les taxes sur les produits et services considérés comme bons pour l'environnement et, de l'autre côté, on alourdit les taxes sur les produits considérés comme nocifs pour l'environnement. Parmi les exemples d'écofiscalité, notons l'idée d'abolir la taxe sur la masse salariale tout en taxant davantage les émissions de GES ou encore d'autres formes de pollution, comme l'enfouissement. En ce qui a trait à l'aménagement du territoire, l'écofiscalité peut-être utilisée pour récompenser, d'un point de vue fiscal, les personnes qui s'installent près du centre des villes et au contraire pénaliser ceux qui s'en éloignent.

Peut-être, pour notre plus grand malheur, avons-nous été initiés de la mauvaise façon à la notion d'écofiscalité, à l'occasion du débat qui a fait rage au Canada pendant la campagne électorale fédérale de 2008, après que Stéphane Dion, alors chef du Parti libéral du Canada, eut décidé de mettre la question de la taxe sur le carbone au centre du programme électoral de son parti, ce qui lui a alors attiré des attaques constantes du Parti conservateur et d'une partie de la droite canadienne. Cette mesure, à ses yeux comme à ceux des dirigeants des pays européens qui l'ont mise en application, avait l'avantage d'être simple tant en ce qui touche son application que sa gestion. Mais il fallait bien sûr déterminer les secteurs de l'économie qui y seraient assujettis, l'ampleur de la taxe et l'utilisation des recettes générées (ce que les experts appellent « recycler » les revenus). On connaît la suite de l'histoire : les libéraux ont perdu les élections. Cela étant dit, je ne suis pas de ceux qui croient que cette défaite a résulté de ce débat, du moins, pas dans l'est du Canada. Un sondage fait à la sortie des urnes par Léger Marketing a démontré que un électeur sur quatre qui avait voté pour le parti de Stéphane Dion l'avait fait sur la base de la plate-forme écologique du Parti libéral, ce qui, proportionnellement, représentait deux fois plus de votes que ceux que le Nouveau Parti démocratique avait obtenus, un parti politique longtemps considéré comme un leader en matière d'environnement.

Il serait donc dommage de restreindre l'écofiscalité à ce débat. Car, en raison de ses multiples facettes, celle-ci peut effectivement devenir un moyen très efficace de freiner l'étalement urbain.

## Du bienfait des ceintures vertes

Une des mesures que les autorités devraient sérieusement envisager est la création de ceintures vertes, en particulier dans la grande région de Montréal. On appelle « ceinture verte » un ensemble d'espaces verts, d'aires de conservation, de terres agricoles ou de surfaces présentant un intérêt particulier et qui sont soustraites au développement et… à son impact écologique catastrophique.

À Portland (Oregon), l'expérience de la ceinture verte a clairement démontré que l'imposition de limites à la croissance urbaine et suburbaine favorise une plus grande rationalité et une plus grande efficience dans la mise en place des infrastructures. Pourquoi en arrive-t-on à ce résultat ? Parce que c'est la région qui décide. Ainsi, au lieu de construire de nouvelles routes qui mèneraient vers de nouveaux territoires, on canalise les sommes épargnées vers les transports en commun ou les infrastructures routières existantes[8].

Le contraste avec la situation qui prévaut au Québec est flagrant : ici, de telles décisions sont toujours prises par le très puissant ministère des Transports, qui cherche à mettre encore plus de voitures sur les routes et à bétonner, ou encore à asphalter, tout ce qui ne l'est pas encore dans notre trame urbaine.

À Toronto, la superficie de la ceinture verte est impressionnante : 728 000 hectares (en guise de comparaison, l'île de Montréal couvre 48 200 hectares). Elle s'étend, du nord au sud, de la région de Niagara jusqu'à l'extrême nord de la péninsule de Bruce au lac Huron, et, d'ouest en est, pratiquement de Brantford jusqu'à Peterborough.

C'est pour ce projet de ceinture verte que Toronto a récemment reçu les félicitations du Canadian Institute for Environmental Law and Policy. Après avoir étudié l'exemple de la Colombie-Britannique, qui s'est dotée d'une réserve de terres agricoles, l'exemple de l'Oregon, qui a opérationnalisé le concept de « frontière de croissance urbaine », l'exemple de Berlin, qui innove en voulant rendre vertes les terres jouxtant l'ancien mur de Berlin, et les exemples des ceintures vertes tant vantées de Londres et d'Amsterdam, cet organisme influent n'a pas hésité à déclarer que la ceinture de Toronto avait « le potentiel de devenir la ceinture verte la plus couronnée de succès et la plus utile au monde[9] ».

Comment parler de la lutte contre l'étalement urbain au Québec sans parler des Californiens ! Ils nous concoctent en effet une (autre) première nord-américaine : une première loi contre l'étalement urbain. Depuis l'adoption de sa novatrice loi AB 32 en 2006, la Californie est tenue de ramener, à l'horizon 2020, ses émissions de GES au niveau de 1990. La loi à venir obligerait les villes de l'État à réduire leurs émissions de GES dans le cadre de leur planification urbaine. Cette loi, estime-t-on, devrait non seulement favoriser une meilleure occupation du sol et la réduction de la pollution, mais aussi accroître le nombre de logements abordables.

Pourquoi ne travaillerait-on pas, aux niveaux provincial et municipal au Québec, à mettre en place une vision plus globale du développement, qui intégrerait non seulement les questions économiques, mais aussi la qualité de l'air, la congestion des routes et les émissions de gaz à effet de serre ?

# CHAPITRE 11

# La production de pétrole et de gaz naturel

La production pétrolière actuelle du Québec se résume à bien peu de choses : quelques dizaines de barils par jour extraits dans la région de Murdochville. On a toutefois découvert un champ pétrolifère à 80 km au nord-est des Îles-de-la-Madeleine, dont les réserves, estime-t-on, seraient de quelque deux milliards de barils. De quoi en faire saliver plus d'un ! Bien évidemment, cette découverte a été précédée de très nombreuses explorations dans les basses terres du Saint-Laurent, sur l'île d'Anticosti et dans le golfe du Saint-Laurent. En 2004, cependant, un moratoire a suspendu l'exploration pétrolière et gazière dans le fleuve. Le BAPE avait en effet manifesté des inquiétudes « sociales et scientifiques » quant aux effets à long terme de ces explorations.

Le gouvernement du Québec semble toutefois intéressé à revenir sur ce moratoire. À la fin de juillet 2009, la ministre des Ressources naturelles et vice-première ministre, Nathalie Normandeau, a annoncé la tenue d'évaluations écologiques stratégiques (EES) visant à encadrer d'éventuelles exploitations pétrolières et gazières dans le golfe du Saint-Laurent.

Il faut savoir que, pour évaluer les réserves sous-marines en combustibles fossiles, on provoque de véritables secousses sismiques dans les fonds marins à l'aide de canons à air comprimé. On ignorerait, selon certains, l'impact réel de cette méthode plutôt brutale sur les populations fragiles de mammifères marins et sur les stocks de poissons et d'invertébrés exploités par les pêcheurs. On sait pourtant que les mammifères marins (baleines, bélugas) sont extrêmement sensibles aux bruits générés par les humains, à plus forte raison aux déflagrations. Et pour cause : ils communiquent entre eux grâce à des ondes sonores voyageant dans l'eau.

La ministre s'est dite très consciente de l'inquiétude que ces projets provoquaient au sein d'une grande partie de la population. Des consultations seront donc menées en 2010 auprès des collectivités de la Côte-Nord, de la Gaspésie et du Bas-Saint-Laurent afin de connaître leurs préoccupations à cet égard.

On le voit, la ministre est très prudente. Elle n'annonce pas le début de l'exploration pétrolière dans le golfe, mais dit plutôt vouloir se « donner une espèce de guide, de recette à suivre pour minimiser les risques sur le plan environnemental et pour tenir compte des préoccupations exprimées par les citoyens[1] ».

La ministre est certes diplomate, mais elle n'est pas convaincante.

L'avis de Véronik de la Chenelière, biologiste au sein du Groupe de recherche et d'éducation sur les mammifères marins, est, lui, beaucoup plus probant : le milieu du Saint-Laurent est bien trop fragile pour être soumis à des activités de ce type.

## La fin du pétrole ?

Nous avons quand même, à plus long terme, certes, une bonne raison de nous réjouir : les réserves de pétrole sont en train de se tarir. C'est ce qu'explique Jeff Rubin, qui a été l'économiste en chef de la banque CIBC pendant 20 ans et qui est l'un des rares à avoir prédit la forte augmentation des prix du pétrole et la crise économique actuelle.

Pendant plusieurs décennies, le prix du pétrole est resté relativement stable et, lorsqu'il augmentait légèrement, c'était pour prendre en compte la hausse du coût de la vie. On a connu bien sûr deux crises pétrolières pendant les années 1970, mais c'étaient des accidents de parcours. Les importantes fluctuations des prix du pétrole constituent donc un phénomène très récent. Sur le graphique qui suit, on constate les variations du prix du baril de pétrole provenant de la mer du Nord (le Brent).

Et ce n'est qu'un début. Selon Jeff Rubin, en effet, peu de temps après la reprise de l'économie mondiale, le prix du baril de pétrole devrait recommencer à augmenter, sauf que

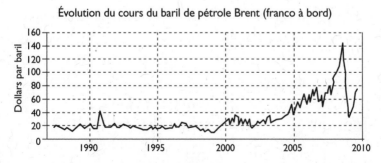

Évolution du cours du baril de pétrole Brent (franco à bord)

*Source :* Energy Information Administration (États-Unis).

cette fois il ne plafonnera pas à 150 dollars le baril, mais probablement autour de 200 dollars le baril.

Trois facteurs importants expliquent ces nouvelles crises pétrolières : l'augmentation de la demande mondiale de pétrole, la diminution des réserves dites traditionnelles et la question des changements climatiques.

Nous le savons, lorsque la demande d'un produit augmente, le coût de ce produit augmente également : c'est l'une des règles de base de notre économie. De 1973 à 2006, la consommation mondiale de pétrole a augmenté de plus de 30 %[2]. Or, parallèlement à cette augmentation de la demande, on constate une diminution importante des réserves de pétrole traditionnelles. Que ce soit au Moyen-Orient ou en mer du Nord, les réserves s'épuisent, et les grandes sociétés pétrolières investissent de plus en plus pour trouver de nouvelles ressources, avec des résultats de plus en plus décevants. Par exemple, en mer du Nord, la production annuelle a diminué de 43 % entre 1999, une année record de production, et 2007[3].

Le pétrole du golfe du Mexique constituerait peut-être une exception en matière de réserves, mais, selon tous les scientifiques travaillant sur les changements climatiques, exploiter du pétrole dans cette région deviendra de plus en plus difficile à cause des impacts des changements climatiques. On se rappelle que, lors du passage des ouragans *Katrina* et *Rita,* 167 plateformes de forage dans ce golfe ont été littéralement balayées comme des feuilles au vent. Des débris ont même été retrouvés à plus de 60 km de leur lieu d'origine…

Certains se demandent également si les nouveaux projets de construction des Émirats arabes unis, des projets qui repoussent encore plus loin les limites de l'imagination et de l'ingénierie, ne seraient pas réalisés en prévision de cette chute annoncée des réserves de pétrole. Les ressources de ces États ne seraient donc bientôt plus pétrolières, mais touristiques. À condition toutefois que le prix d'un pétrole quasi introuvable ne se soit pas répercuté sur celui des billets d'avion des touristes espérés…

Moins de pétrole, cela signifierait au Québec habiter dans des espaces plus densément peuplés, conduire de plus petites voitures et vivre de façon plus frugale dans une société tournée vers l'économie locale[4]. C'est ce que dit l'ancien économiste en chef de l'une des plus grandes banques canadiennes. Et ce que beaucoup d'entre nous espèrent vivement !

## Et la place du gaz naturel ?

Moins de pétrole signifierait aussi moins de mazout. Or il faut savoir que ce sous-produit particulièrement polluant du raffinage du pétrole est très utilisé par le secteur industriel québécois, en particulier par l'industrie lourde (sidérurgie, cimenteries, alumineries), dont les procédés industriels exigent une grande quantité de chaleur difficile à obtenir avec l'électricité. On constate que, à lui seul, ce secteur utilise 40 % de tout le mazout consommé par le secteur industriel canadien. C'est énorme ! Et les conséquences sur les émissions de GES et la pollution de l'air sont extrêmement graves.

Dans cette optique, on comprendra qu'abandonner le mazout pour choisir le gaz naturel, nettement moins polluant, est préférable pour l'environnement. C'est un combustible beaucoup plus propre que le mazout. Il émet en effet 40 % moins de GES pour la même quantité d'énergie, quatre fois moins d'oxyde d'azote ($NO_x$) et des milliers de fois moins de dioxyde de soufre ($SO_2$). Mais il s'agit quand même, il ne faut pas l'oublier, d'un combustible fossile, qui émet lui aussi des GES.

À une certaine époque, l'industrie utilisait cette ressource, mais la forte augmentation de la demande, donc l'augmentation du prix, a conduit un certain nombre d'entreprises, au début des années 2000, à se tourner vers le mazout, dont le prix grimpait moins rapidement. Avec les conséquences qu'on connaît sur le réchauffement climatique.

## La bataille des ports méthaniers

La question du gaz naturel, et plus particulièrement celle des ports méthaniers, a suscité au Québec dans les dernières années des débats virulents qui ont eu des répercussions au sein même des milieux écologistes.

Je rappelle pour mémoire que les méthaniers sont ces navires qui servent au transport du gaz naturel liquéfié, importé le plus souvent de l'Algérie et de la Russie, qu'ils livrent aux ports du même nom, d'où ce gaz sera acheminé vers un réseau de distribution. Un port méthanier a été ouvert à la fin de 2008 à Saint-Jean (Nouveau-Brunswick).

Sur la côte est nord-américaine, c'est le troisième port du genre, à partir de Boston.

Ainsi débattait-on en 2007 de l'opportunité d'avoir des ports méthaniers au Québec. Deux projets étaient alors à l'étude, l'un à Rabaska, près de Lévis, et l'autre dans le Bas-Saint-Laurent, à Gros-Cacouna. En juin de la même année, ce chantier de terminal méthanier venait de recevoir le feu vert de Québec et d'Ottawa.

## Adversaires et partisans des ports méthaniers

Face à face, deux groupes s'affrontaient donc sur ces questions.

D'un côté, ceux qui s'y opposaient pour des considérations locales, telles la proximité, la sécurité, l'impact sur le paysage. Et ceux qui, comme Équiterre, y voyaient un risque de renforcer la dépendance énergétique envers des ressources non renouvelables que le Québec ne possède pas et qui creuseraient son déficit commercial, en plus de causer des impacts climatiques inévitables par de fortes émissions de GES. Équiterre a aussi fait valoir que le projet de Gros-Cacouna accroîtrait la circulation maritime sur le fleuve de 60 à 90 navires chaque année, avec des conséquences inévitables pour les mammifères marins.

De l'autre côté, les promoteurs de ces projets et ceux qui les appuyaient, comme la FTQ, pour des raisons liées au développement économique, à la création d'emplois et à la diversification des sources d'approvisionnement énergétique.

Pour tenter de dépasser ces débats et trouver une solution, avec Henri Massé, alors président de la FTQ, nous avons alors choisi de mettre nos différends de côté et avons rendu publique une lettre signée par chacun de nous deux[5]. Nous y faisions d'abord le constat que tous les groupes écologistes ne sont pas nécessairement opposés à l'utilisation du gaz naturel. Par exemple, Greenpeace Allemagne a créé une entreprise de distribution d'électricité, Greenpeace Energy[6], dont le portefeuille énergétique est composé d'énergie éolienne, d'énergie solaire, d'hydroélectricité et de gaz naturel. Il faut préciser qu'en Allemagne on tente d'éliminer systématiquement la production d'électricité issue du nucléaire et du charbon. Le contexte énergétique québécois, nous en convenions, était bien différent du contexte allemand, puisque près de 97 % de l'électricité produite ici provient de l'hydroélectricité. Utiliser le gaz naturel n'offrait donc pas le même intérêt pour le Québec, mais cela constituait tout de même, à notre avis, une solution intéressante pour pouvoir se débarrasser d'un autre problème grave de conséquences, le mazout.

Toutefois, pour y parvenir, on ne pouvait compter sur les seules forces du marché, puisque c'étaient elles qui avaient vigoureusement incité les entreprises québécoises à opter pour ce même mazout au début des années 2000. Il nous semblait donc indispensable, pour que s'opère la substitution du gaz naturel au mazout, que le gouvernement du Québec intervienne. Et comment devait-il le faire ?

Il fallait d'abord moderniser la loi sur la qualité de l'air au Québec pour limiter l'utilisation du mazout. Pour que cette transition s'effectue réellement, il fallait aussi intervenir sur le plan fiscal en créant des mesures incitatives. Une telle politique devait, enfin, favoriser l'efficacité énergétique et le recours à des sources d'énergie renouvelables dans le secteur industriel. Il s'agissait là de conditions indispensables pour réduire véritablement les émissions de GES et la pollution atmosphérique au Québec.

Cette lettre m'a valu des critiques incendiaires de certains de mes collègues écologistes, sous prétexte que je « cautionnais » les projets de ports méthaniers québécois… Il faut croire qu'ils n'en avaient pas lu le texte, puisque que je m'y exprime clairement contre de tels ports !

Il est vrai, par ailleurs, que je ne suis pas automatiquement contre l'utilisation du gaz naturel au Québec : tout dépend, selon moi, du contexte, du type d'utilisation et des retombées dans le bilan global des émissions de GES au Québec et au Canada. Reste à savoir si le gaz naturel est le bon substitut pour l'heure.

Quelle que soit la réponse, nous devons donner la priorité d'abord à l'efficacité énergétique, ensuite aux sources d'énergie renouvelables comme la biomasse, et après, mais seulement après, à l'utilisation du gaz naturel.

Récemment, le gouvernement du Québec a annoncé un plan visant à faire diminuer de 510 millions de litres la consommation de mazout au Québec en vue d'une réduction des émissions de GES de un million de tonnes par année d'ici 2012. Cela représente plus de 25 % de la consommation actuelle, ce qui nous permettrait d'atteindre 10 % de l'objectif de réduction des GES qu'a fixé le Plan d'action québécois de lutte contre les changements climatiques 2006-2012. Ce qui n'est pas rien, on en conviendra.

## Une mystérieuse exploitation de gaz naturel

La firme Junex a fait les manchettes au cours des derniers mois, puisqu'elle se propose d'exploiter de grandes formations gazières non traditionnelles qui s'étendent entre Montréal et Québec, surtout au sud du Saint-Laurent. Certains chiffres qui circulent laissent entendre qu'il y aurait assez de gaz dans le sous-sol pour assurer pendant 20 ans la consommation québécoise.

On appelle schistes de l'Utica (il s'agit d'une période géologique) ces formations non conventionnelles, car le gaz qu'on y trouve est contenu dans les schistes pierreux. Pour l'en extraire, la méthode actuelle consiste à percer un axe vertical puis un axe horizontal, pour ensuite y injecter un liquide sous haute pression afin de faire éclater ces roches. Ce procédé porte le nom de « fracturation hydraulique ».

Évidemment, pour générer la plus forte pression possible au moindre coût, les ingénieurs ont privilégié des liquides épais et à haute densité.

Mes connaissances sur le caractère technique de ces projets s'arrêtent là, parce que la nature de ces liquides a été déclarée « secret absolu » par les exploitants. Il s'agit, prétendent-ils, d'un secret industriel qui serait aussi important qu'un brevet.

D'autres raisons, à mon avis, expliqueraient cette attitude cachottière. Des problèmes de contamination des nappes phréatiques ont en effet été relevés dans des projets similaires menés dans sept États américains.

Voudrait-on contaminer les nappes phréatiques au profit de l'exploitation gazière au Québec ? Poser la question, c'est y répondre. Comme des milliers de permis ont déjà été accordés au Québec, l'affaire est sérieuse, et il faut suivre très attentivement le dossier.

# CHAPITRE 12

# Les sables bitumineux

La réduction de notre dépendance envers le pétrole est assurément un des objectifs indispensables à atteindre pour gagner la lutte contre les émissions de gaz à effet de serre. Pour autant, il n'en est pas moins urgent de se battre aussi pour ralentir l'exploitation de ce même pétrole. L'énorme succès économique des sables bitumineux en Alberta ne doit en aucune façon servir d'écran à un constat vérifié : l'exploitation de ces sables entraîne bel et bien un coût écologique beaucoup trop élevé.

## Le Québec et les sables bitumineux

Il se pourrait bien que le Québec, de tout le Canada, soit le seul endroit où l'on pourrait ralentir l'exploitation de ce pétrole sale. Quelques faits, d'abord. Au début de juin 2009, la Commission de protection du territoire agricole du Québec (CPTAQ) a recommandé la construction d'une station de pompage à Dunham, dans les Cantons-de-l'Est, pour permettre le transport du pétrole en provenance des gisements de sables bitumineux de l'Alberta. Cette station de pompage fait partie des dispositifs prévus par le projet Trailbreaker que mène la firme albertaine Enbridge Pipelines. L'oléoduc, en provenance de Fort McMurray, transiterait par Montréal pour aboutir à Portland (Maine).

Une partie du volume, soit 80 000 barils de pétrole à haute teneur en soufre, serait raffinée quotidiennement à Montréal, tandis que l'autre poursuivrait son périple jusqu'à la côte atlantique, d'où elle serait acheminée vers les raffineries texanes qui donnent sur le golfe du Mexique.

Si le gouvernement du Québec le voulait, il pourrait parfaitement renverser la décision de la CPTAQ. Selon la loi, il en a le pouvoir. Ne pas agir ainsi, ce serait choisir de faire du Québec la terre d'accueil de l'un des pétroles les plus sales au monde.

### La *success story* albertaine[1]

Les sables bitumineux de l'Alberta représentent des réserves de 174 milliards de barils de pétrole, soit les plus grandes réserves au monde après celles de l'Arabie saoudite (évaluées à 259 milliards de barils). Et l'avantage de l'Alberta, c'est d'être à quelques centaines de kilomètres du plus important consommateur de pétrole au monde, les États-Unis.

L'histoire des sables bitumineux remonte au début des années 1940, alors que la province de l'Alberta forme un partenariat avec une entreprise privée pour la construction de la première usine d'extraction des sables bitumineux. À peine 30 ans plus tard, ce pétrole sera exploité commercialement lorsqu'entrera en scène la pétrolière connue aujourd'hui sous le nom de Suncor. Une deuxième entreprise, Syncrude — issue d'un partenariat entre le gouvernement albertain et plusieurs sociétés privées dont Esso —, va par la suite entrer dans la course.

Pendant plusieurs décennies, ces deux firmes seront les seules à jouer dans l'arène des sables bitumineux. Au début, les défis techniques à surmonter étaient énormes. Puis, vers le milieu des années 1980, l'industrie réussit peu à peu à mieux maîtriser les procédés d'exploitation. Les coûts de production passent de 35 dollars à 15 dollars le baril. Aujourd'hui, ils se situent entre 9 dollars et 12 dollars, alors que le baril se transige à environ 70 $ US dans les marchés internationaux.

De 1996 à 2002, 24 milliards de dollars ont été investis dans l'un des projets de développement pétrolier les plus importants de la planète, et ces investissements pourraient atteindre près de 90 milliards de dollars d'ici 2016 !

## Des coups durs pour l'environnement

Le coût écologique des sables bitumineux est extrêmement élevé. Avant d'en donner quelques exemples assez éloquents, je souligne que l'espace utilisé pour l'exploitation des sables bitumineux est immense : la superficie couvre un carré dont chaque côté équivaut à la distance entre Montréal et Québec.

### Les ravages de la déforestation

Selon Environnement Canada, pour les seules fins de la recherche de ressources (des essais sismiques, par exemple), l'industrie du pétrole et du gaz naturel (dont les sables bitumineux) va devoir abattre une quantité d'arbres égale ou même supérieure à celle que coupe l'industrie forestière canadienne dans son ensemble.

La déforestation ainsi que les immenses étangs de décantation créés de toutes pièces pour recevoir les résidus toxiques résultant de la séparation du sable et du bitume mettent en danger des centaines de milliers d'oiseaux. Certains de ces étangs de décantation ont été aménagés juste en bordure de la rivière Athabaska et n'en sont séparés que par une digue. En 2008, 500 oiseaux ont été emprisonnés dans les eaux visqueuses de ce résidu[2]. Et, selon un rapport de l'une des ONG américaines les plus importantes, le Natural Resource Defense Council, rendu public en décembre 2008, on estime que plus de 160 millions d'oiseaux sont menacés de disparition en raison de l'exploitation croissante des sables bitumineux[3].

### Un hold-up de l'eau

Les volumes d'eau utilisés pour cette exploitation elle-même sont proprement scandaleux. Imaginez : il faut de deux à trois barils d'eau pour ne produire qu'un seul baril de pétrole ! Les pétrolières vont donc puiser 7 % de l'eau disponible dans les puits souterrains et les rivières de l'Alberta. L'industrie des sables bitumineux a ainsi besoin d'un volume d'eau équivalent à celui que consomme la ville de

Montréal, mais sans disposer d'un fleuve au débit semblable à celui du Saint-Laurent[4].

La ponction exercée sur les réserves d'eau douce par les sociétés pétrolières est telle que les Premières Nations, les agriculteurs et les éleveurs albertains ont de plus en plus de difficulté à obtenir suffisamment d'eau pour combler leurs besoins.

À quelque 200 km en aval des zones d'exploitation des sables bitumineux, dans la collectivité amérindienne de Fort Chipewyan installée sur la rive ouest du lac Athabasca, on s'inquiète de l'apparition, à une fréquence rapide, de cancers très rares qui pourraient être causés par les rejets toxiques des pétrolières. Les autorités publiques sont alertées et des études épidémiologiques ont été commandées. On aurait là aussi repéré, mais c'est plus anecdotique, un poisson mutant, une laquaiche à deux bouches…

Une fois utilisée pour l'exploitation des sables, une grande partie de cette eau très polluée est emmagasinée dans d'immenses lacs artificiels totalement contaminés. Les lacs de la société Syncrude sont d'ailleurs visibles de l'espace et contiennent suffisamment d'eau pour remplir 160 000 piscines olympiques[5]!

## La pollution de l'air s'intensifie

La pollution atmosphérique est un autre des impacts majeurs de l'exploitation des sables bitumineux. Parmi la longue liste des substances émises, on trouve l'oxyde d'azote, l'oxyde de soufre et d'autres produits comme le benzène (une substance cancérigène). Les concentrations dans l'air de l'oxyde d'azote dépassent de trois fois la norme fixée par le gouvernement albertain, une norme pourtant moins sévère que celle de l'Organisation mondiale de la santé.

Les sables bitumineux sont donc les grands responsables de l'augmentation débridée des émissions de GES au Canada. Pour la seule année 2007, les émissions en provenance des sables bitumineux ont augmenté de 52 %! Il faut savoir que la production d'un baril de pétrole à partir des sables bitumineux génère trois fois plus de GES que l'extraction habituelle du pétrole[6]. Par exemple, Syncrude laisse échapper 0,12 tonne de $CO_2$ pour l'extraction d'un seul baril de pétrole. Comme l'industrie produit un million de barils par jour, si l'on applique la norme de Syncrude, on arrive à 120 000 tonnes d'équivalent $CO_2$ crachées chaque jour dans l'atmosphère!

Ce n'est pas tout. Quand on rase des forêts entières, quand on détruit d'immenses et innombrables tourbières pour rechercher, puis atteindre des sables pétrolifères, eh bien, tout ce saccage provoque l'émission de quantités ahurissantes de GES dans l'atmosphère!

## Une entreprise de destruction très grassement subventionnée

Quels superlatifs n'a-t-on pas utilisés pour décrire l'exploitation albertaine des sables bitumineux : les travaux sont pharaoniques, le chantier est gigantesque, les profits sont prodigieux…

Je pense plutôt que les superlatifs devraient qualifier les grasses subventions dont jouit l'industrie pétrolière dans sa vaste entreprise de destruction : « À elle seule, l'industrie des sables bitumineux a reçu 1,2 milliard de dollars du… gouvernement entre 1996 et 2002[7]. »

Mais voilà que ceux qui s'interrogent sur ce chantier herculéen ou qui s'y opposent clairement doivent faire face aux deux grands partis politiques du pays, qui l'un et l'autre entérinent l'exploitation de cette énergie fossile.

Cela n'étonne pas de la part du Parti conservateur, dont les assises politiques principales se trouvent dans l'Ouest du pays, particulièrement en Alberta. On connaît également son bilan gouvernemental en matière d'environnement et de lutte contre le réchauffement climatique…

Le soutien donné par le Parti libéral du Canada à cette exploitation est plus surprenant. La position de son ancien chef, Stéphane Dion, était nettement plus nuancée que celle de Michael Ignatieff, l'actuel chef du parti, pour lequel les sables bitumineux de l'Alberta sont stratégiquement importants et peuvent influer sur notre rapport de force avec les États-Unis. Le propos est clair : il faut non pas juguler cette entreprise de destruction massive, mais l'utiliser comme un levier dans le rapport de force à établir avec Washington.

Certes, Michael Ignatieff a répété à plusieurs reprises que l'industrie des sables bitumineux devait faire mieux du point de vue écologique. Ces déclarations sont tout à son avantage. Toutefois, il ne précise jamais comment « faire mieux »… De celui qui aspire à devenir premier ministre du Canada, nous sommes en droit de nous attendre à plus.

## La capture et le stockage du $CO_2$

La technologie de capture et de stockage (d'enfouissement) du carbone n'est pas seulement utilisée durant le traitement des sables bitumineux. On l'emploie aussi lors de la combustion du charbon dans les centrales thermiques ou pendant l'extraction traditionnelle du pétrole. Au Canada, les défenseurs des sables bitumineux la considèrent comme une solution miracle qui devrait faire taire tous leurs opposants.

En quoi consiste-t-elle ? On commence par récupérer les émissions de $CO_2$ produites pendant le traitement des sables bitumineux à l'aide de divers procédés (certains sont des procédés chimiques) ; ensuite, on va liquéfier le gaz carbonique (ce qui exige des quantités d'énergie considérables) et le transporter sur des distances parfois assez longues, pour finalement l'enfouir dans des formations géologiques convenables, c'est-à-dire capables de le retenir de façon durable. On peut l'enfouir également dans d'anciens puits de pétrole maintenant vides, ou encore dans des puits de pétrole exploités depuis un certain temps. Dans ce cas, le but est d'injecter du $CO_2$ pour recréer la pression originelle au sein du puits et ainsi faciliter l'extraction du pétrole qui y reste.

Sans préjuger des développements à venir, il est important de souligner que cette technique est, en l'état actuel des choses, plus une théorie qu'une pratique avérée. En d'autres termes, elle en est à son enfance. Cela étant dit, l'engouement pour cette technologie prend une telle ampleur que le GIEC lui a consacré un rapport[8].

Certains spécialistes éminents sont d'avis que, compte

tenu du temps qu'il faudra pour opérer la transition vers une économie décarbonisée, on n'aura peut-être pas d'autre choix que d'y recourir.

Mais faire reposer toute une stratégie sur une assise unique dont l'efficacité est loin d'avoir été prouvée est proprement irresponsable. Dans le cas du gouvernement Harper, c'est encore pire parce qu'il s'agit là essentiellement d'une manœuvre pour gagner du temps.

On le voit, le portrait n'est pas particulièrement rose.

## L'espoir vient du sud

Que cette course folle pour l'exploitation des sables bitumineux ralentisse un jour ! Cet espoir, quelque peu utopique jusqu'ici, pourrait bien devenir réalité grâce à la Californie. Cet État a en effet mis le holà sur ce pétrole sale en adoptant, en avril 2009, un projet de loi susceptible de faire boule de neige. Ce projet de loi porte sur des normes pour combustibles à faible teneur en carbone (*low carbon fuel standard*[9]). Pour les respecter, la Californie va devoir exiger des réductions d'émissions de GES pour l'ensemble de la chaîne de production de l'essence, donc pour son cycle de vie complet. On comprend donc que, dans ce contexte, en raison des fortes émissions de GES produites par leur extraction et leur raffinage, les sables bitumineux sont presque automatiquement disqualifiés, et que l'accès à l'un des marchés les plus importants de la planète leur sera interdit. Treize autres États américains envisagent eux aussi d'emboîter le pas à la Californie[10].

Ironiquement, cette proscription des sables bitumineux, on la doit en partie à George W. Bush et à la loi sur la sécurité et l'autonomie énergétiques *(Energy Independence and Security Act)* qu'il a fait adopter en 2007 ! Car cette loi (dans sa section 526) interdit aux agences américaines (entre autres à l'armée et au service postal) d'utiliser à des fins de transport des carburants alternatifs ou synthétiques — les carburants produits à partir des sables bitumineux font partie de cette catégorie — dont les émissions de GES sont supérieures à celles des carburants traditionnels[11].

Est-ce que le sort des sables bitumineux en est scellé pour autant ? Rien n'est moins sûr.

## Une démarche novatrice

Je voudrais profiter de ces propos sur l'immensité du gâchis bitumineux pour évoquer la démarche de Thomas Homer-Dixon, l'un des grands penseurs de la problématique de l'environnement et de la sécurité. Ce politologue de l'Université de Toronto s'est intéressé aux répercussions mondiales de notre production d'énergie et a mis au point un système permettant d'évaluer « l'investissement énergétique » nécessaire pour la production de différentes formes d'énergie.

Homer-Dixon désigne cette donnée fondamentale de l'équation énergétique par l'acronyme anglais EROEI *(Energy Return on Energy Invested)*, qui indique la quantité d'énergie produite en fonction de l'énergie ayant été nécessaire à sa production. Prenons l'exemple du pétrole. Pour produire un litre de pétrole, on va d'abord procéder à des essais sismiques pour trouver des gisements pétrolifères ; on va devoir ensuite construire les infrastructures nécessaires à l'extraction, au raffinage, au transport et à la distribution du pétrole. Pour chacune de ces étapes, on va utiliser de l'énergie. L'EROEI est cette unité de mesure qui va nous permettre de comparer les différentes formes d'énergie entre elles. Par exemple, si l'énergie marémotrice a un EROEI élevé, c'est bien parce qu'elle fournit une quantité d'énergie beaucoup plus grande que celle qu'il a fallu utiliser pour la produire. Aux beaux jours de l'exploitation pétrolière, on établissait l'EROEI du pétrole à 200. Ce qui veut dire que, pour chaque quantité d'énergie investie dans l'extraction pétrolière, le pétrole en fournissait deux cents fois plus. Depuis, le rendement n'a cessé de se dégrader et, dans le cas des sables bitumineux, il a chuté à 5 !

Plus de 30 m$^3$ de gaz naturel sont ainsi requis pour la production d'un seul baril de pétrole à partir des sables bitumineux[12], alors qu'une maison de quatre personnes consomme environ 10 m$^3$ de gaz naturel par jour. C'est quasi impensable…

Il est évident que ce glissement du rendement sur l'investissement ne peut se poursuivre indéfiniment. Si ce devait être le cas, viendrait inéluctablement le jour où l'EROEI diminuerait jusqu'à devenir négatif. On consacrerait alors plus d'énergie à la production du pétrole qu'on en récolterait grâce à un tel investissement. On appelle ça la faillite d'un système et, dans certains cas, celle d'une civilisation.

Dans son ouvrage remarquable intitulé *The Upside of Down*, Homer-Dixon entreprend de démontrer que c'est précisément ce qui est arrivé à l'Empire romain. Le travail nécessaire à l'édification et au maintien d'un tel empire a requis en effet de grandes quantités d'énergie. L'énergie disponible à cette époque était essentiellement l'énergie musculaire des hommes et des animaux ; elle était générée par l'ingestion de céréales pour les uns et de fourrage pour les autres, qu'il a fallu aller chercher de plus en plus loin. La Syrie, à 2 288 km de Rome, est vite devenue le grenier à céréales de l'Empire. À partir du moment où, pour obtenir son énergie (soit les céréales et le fourrage), Rome est devenue dépendante d'une source d'approvisionnement très éloignée, elle a dû investir des quantités d'énergie de plus en plus importantes pour se procurer l'énergie qui lui était essentielle. La quantité d'énergie consacrée au transport des céréales s'est donc accrue, jusqu'à faire chuter le retour sur l'investissement énergétique (l'EROEI) puisque, pour la même quantité de céréales et de fourrage, Rome devait investir beaucoup plus dans le transport. Ce serait là, explique Homer-Dixon, la cause fondamentale du déclin puis de la chute de l'Empire romain.

Homer-Dixon compare nos sociétés (complexes) à une bille qui, plutôt que de chuter inexorablement vers le fond d'une tasse, serait maintenue sur les bords de cette tasse par une force extérieure. Selon lui, l'ordre et la complexité propres à nos sociétés modernes ne sont possibles que parce que de grandes quantités d'énergie de haute qualité sont investies. « C'est dans le but de créer de l'ordre à partir du désordre, de la complexité à partir de la simplicité que nous extrayons de grandes quantités d'énergie[13]. » On pourrait dire que la simplicité, c'est la pierre calcaire qu'on extrayait autrefois de la carrière Miron à Montréal. On utilise de grandes quantités d'énergie pour transformer ce calcaire en ciment, puis, avec ce ciment et un apport supplémentaire d'énergie, on élabore des choses complexes, par exemple le Stade olympique.

Et Homer-Dixon de poursuivre : « La chute d'un système [causée par une rupture de son approvisionnement en énergie] provoque une simplification [parfois radicale] de son organisation et réduit l'éventail de ses possibilités de choix pour le futur[14]. »

Ce que je comprends de tout cela, c'est que, si l'on veut éviter de se faire radicalement « simplifier la vie », et surtout si l'on veut garder intact pour les générations futures cet éventail complet de possibilités de choix, alors il faut radicalement changer de cap.

Il faut donc investir dans des technologies dont l'EROEI est le plus élevé possible. Et ça tombe bien parce que les filières offrant le plus haut EROEI sont des technologies modernes à faible intensité en carbone.

Qu'on en finisse donc avec cette consommation boulimique d'énergie ! Et qu'on opte enfin clairement pour les nouvelles sources d'énergie, qu'on utilisera avec modération, cela va de soi.

# CHAPITRE 13

# La forêt boréale

Vingt ans ont passé depuis la sortie de *L'Erreur boréale*, le film de Richard Desjardins et Robert Monderie[1]. Enquête sur l'exploitation forestière abusive, plaidoyer implacable contre la mauvaise gestion et la non-transparence des pratiques forestières québécoises, ce film a donné lieu à un véritable débat de société qui a embrasé le Québec tout entier. Qu'en est-il résulté ?

On peut noter une indéniable prise de conscience des désastres causés par une industrie forestière agressive et le laisser-faire des gouvernements. On peut aussi rappeler la création d'une commission d'étude sur la gestion de la forêt québécoise dirigée par Guy Coulombe, qui, dans son rapport remis en 2004, recommandait que la ressource forestière soit désormais utilisée en fonction de ce que la nature pouvait réellement donner, et non en fonction de la grosseur des usines existantes. Prise de position en faveur d'un virage écologique, certes, mais sans aucun caractère contraignant…

Le gouvernement du Québec a aussi décidé en 2005, et dans la perspective d'une catastrophe annoncée, de réduire d'environ 20 % la possibilité forestière. On désigne, par ces termes de « possibilité forestière », le volume maximum du bois qui, annuellement et pendant une période déterminée, peut être coupé sur le territoire d'une forêt, sans diminution de la capacité productive de cette forêt. En acceptant de réduire la possibilité forestière, le gouvernement reconnaissait que les forêts du Québec étaient exploitées au-delà de leur capacité de régénération. Quant à la réduction de 20 % elle-même, comme le relève un rapport de Greenpeace réalisé par Hugo Asselin, chercheur à l'Université du Québec en Abitibi-Témiscamingue[2], elle permettait seulement un simple retour à la normale : vers la fin des années 1980, sur la base d'hypothèses douteuses qui ne se sont pas avérées, on avait en effet augmenté la possibilité forestière de 20 %…

Il faut bien dire que la plus grande controverse entourant la foresterie québécoise est causée par le calcul de la possibilité forestière (CPF). Par exemple, jusqu'à récemment, une variable aussi fondamentale que le vieillissement plus lent des forêts nordiques n'était toujours pas prise en compte pour l'établissement du CPF.

### De l'importance de la forêt boréale

L'ensemble des forêts, je le rappelle, jouent un rôle de premier plan pour contrer le gâchis climatique actuel. Or il se trouve que la forêt boréale, cette couronne verte qui entoure le cercle arctique, du Canada jusqu'à la Russie, constitue le plus grand réservoir de carbone et l'écosystème le plus vaste au monde.

La forêt boréale canadienne représente 25 % des forêts anciennes de la Terre. Au Québec, elle occupe plus du tiers de la superficie, soit près de 560 000 kilomètres carrés. Elle s'arrête dans la région de la Baie-James, où la taïga (une forêt de conifères plus clairsemée) la remplace, et, au sud du 49ᵉ parallèle, elle cède progressivement la place à la forêt de feuillus.

Protéger la forêt boréale canadienne dans son ensemble, c'est ce qu'ont réclamé les 60 000 signataires d'une pétition déposée en mai 2009 par des groupes écologistes et demandant au premier ministre Harper et à ses homologues des provinces d'assurer la protection d'au moins 50 % de cette forêt boréale. Le pourcentage n'est pas exagéré quand on sait que, aujourd'hui, 86 % de cette forêt est allouée à l'industrie forestière…

Au Québec, tout débat sérieux sur la question forestière exige la réfutation des demi-vérités colportées par certains représentants de l'industrie forestière. L'une d'entre elles, par exemple, porte sur l'utilité des coupes à blanc pour permettre le renouvellement de la forêt. En d'autres termes, comme on l'entend dire : « C'est bien de couper la forêt, parce que ça permet de remplacer des arbres matures par des jeunes et que ce sont eux qui retiennent le carbone. »

La réalité est drôlement plus complexe.

Ce qui est exact, on l'a vu précédemment, c'est que les arbres d'une forêt ancienne absorbent moins de $CO_2$. Quand l'arbre vieillit et que sa croissance ralentit, il arrive nécessairement un moment où il émet plus de $CO_2$ qu'il n'en absorbe. Mais ce que certains, au sein de l'industrie forestière, se gardent bien de dire, c'est qu'une sévère coupe de la forêt chamboule complètement les sols qui, je tiens à le rappeler ici, constituent une réserve de carbone encore plus importante que la forêt proprement dite. Un rapport du World Watch Institute (WWI) démontre ainsi que chaque hectare de forêt coupé enclenche l'émission d'une impressionnante masse de carbone : de 217 à 640 tonnes.

Et ce n'est pas tout : on vient de découvrir que les sols forestiers pouvaient aussi constituer des puits très efficaces pour absorber, en plus du $CO_2$, cet autre gaz à effet de serre très puissant dont j'ai déjà parlé dans le chapitre sur l'agriculture, soit l'oxyde nitreux[3] ($N_2O$).

La forêt boréale ne pourra jouer un rôle efficace dans la lutte contre le réchauffement climatique que si l'on évite les coupes inutiles et la dévastation des sols. Cela ne suffira pourtant pas, tant qu'on n'aura pas accru la superficie des zones où est interdite toute activité d'exploitation industrielle, qu'elle soit forestière, minière ou énergétique.

Le Québec accuse un retard important dans la création de ces aires protégées. En 2003, il avait mis à l'abri moins de 2 % de son territoire. Et, en forêt boréale, ces aires sont souvent situées très loin au nord, là où elles sont moins contraignantes pour les industriels forestiers.

Je dois quand même reconnaître que, dernièrement, des progrès ont été réalisés à ce chapitre. Le Québec a annoncé en mars 2009 la création de 8,5 % d'aires protégées. C'est-à-dire que 8,5 % de l'ensemble du territoire québécois serait mis à l'abri de l'exploitation forestière et de l'activité industrielle. Si cette mesure permet d'entamer un processus de rattrapage par rapport à la moyenne mondiale, évaluée à 12 %, tant mieux, mais je constate qu'en aucun cas elle ne garantit la protection de la forêt boréale commerciale, puisque seulement une fraction de ces aires protégées se situe dans des zones attribuées à l'industrie forestière. Et, comme le déplorent certains, la dilapidation des forêts intactes peut se poursuivre en toute impunité.

Les avancées de l'Ontario à ce sujet sont intéressantes. Cette province a en effet décidé de protéger 225 000 kilomètres carrés dans les régions boréales, ce qui représente 43 % des terres émergées que compte le territoire ; cette superficie correspond à une fois et demie l'ensemble des provinces maritimes. La protection de cette superficie, selon le premier ministre ontarien, Dalton McGuinty, constitue un élément capital du plan de lutte contre les changements climatiques. Et pour cause ! La superficie protégée absorberait chaque année 12,5 millions de tonnes métriques de $CO_2$[4]. Pourquoi le Québec ne s'inspirerait-il pas un peu plus de son voisin ?

## De l'incohérence du régime forestier québécois

Parce qu'environ 90 % des forêts du Québec sont publiques, il revient au gouvernement provincial de les gérer. Pour ce faire, on a établi des règles de gestion, qui constituent ce qu'on appelle un « régime forestier » et qui devraient assurer la protection et le renouvellement de ces forêts, compte tenu du développement économique du Québec. Voilà pour les principes.

Car, en fait de protection et de renouvellement de la forêt, depuis des décennies, le régime forestier du Québec livre littéralement en pâture les forêts publiques aux grandes entreprises. Les grands exploiteurs forestiers se sont ainsi fait accorder le monopole de l'exploitation des forêts publiques. Quand on pense qu'un simple citoyen est passible d'une forte amende s'il ose aller couper pour Noël un maigre sapin dans une forêt publique !

Certes, cette exploitation de la forêt a été, au fil du temps, balisée par des règles établies par l'État. Mais, dans les faits, aucune de ces règles n'a réussi à changer durablement le mode d'exploitation de la forêt. Avec les conséquences qu'on connaît.

Exception faite, j'en conviens, de cette réduction de 20 % de la possibilité forestière dont j'ai parlé plus haut. Mais ailleurs, le saccage a continué, même s'il a été légèrement atténué par les mesures protectionnistes des États-Unis et par la récession.

À la fin du printemps 2009, Claude Béchard, alors ministre des Ressources naturelles, a annoncé une énième modification du régime forestier pour notamment accorder une plus grande place aux autorités régionales dans l'exploitation de la ressource forestière sur les terres publiques. La nouvelle a été généralement bien reçue dans les milieux municipaux. Mais c'est insuffisant. La forêt doit certes être bien gérée, mais elle doit l'être dans une véritable perspective de lutte contre les changements climatiques.

Qu'on m'entende bien. Je ne dis pas que la protection de la forêt doit être le leitmotiv du combat à mener : les autres domaines d'expertise qui constituent la science de l'aménagement et de l'exploitation écosystémique de la forêt ont aussi une place à tenir. Je ne vois en effet aucune contradiction entre le fait de considérer la protection de la forêt comme un puissant moyen de lutte contre le réchauffement climatique, d'une part, et le fait d'envisager d'autres moyens d'action, comme la protection des dernières forêts encore intactes en zone commerciale, la conservation de la biodiversité ou une saine utilisation de la ressource forestière, d'autre part. À mon avis, ces divers axes stratégiques sont parfaitement complémentaires.

## Une Bourse du carbone au Québec pour protéger la forêt boréale

Avant de quitter la forêt, je voudrais parler d'un projet enthousiasmant qui, justement, propulse cette dernière au premier rang de la lutte contre les changements climatiques.

Carbone Boréal est à la fois un projet concret de lutte contre le réchauffement climatique et un vaste chantier scientifique. Lancé en septembre 2008 à l'Université du Québec à Chicoutimi par la Chaire en écoconseil que dirige le biologiste Claude Villeneuve, il prévoit d'abord la plantation d'arbres pour compenser les émissions de GES liées aux activités des particuliers ou des entreprises qui ont accepté d'être ses partenaires.

Par exemple, les Cowboys Fringants, un groupe musical bien connu sur la scène québécoise et qui se soucie beaucoup de l'environnement et des GES qu'émettent non seulement le groupe lui-même mais également ses spectateurs, ont versé 100 000 dollars dans le projet. On devra donc planter 34 000 arbres pour compenser les émissions qui résulteront de leur prochaine tournée de trois ans. De ces 34 000 arbres, 25 000 seront plantés dans les forêts servant aux travaux de recherche du projet. De nombreuses entreprises ont aussi fait des propositions intéressantes, et l'on parle même d'un marchand de pneus de la région de Montréal qui a fait parvenir à Carbone Boréal l'argent nécessaire pour planter un arbre chaque fois qu'il vend deux pneus!

Grâce à Carbone Boréal, on va aussi pouvoir évaluer sur le terrain la possibilité de reboiser les surfaces qu'on appelle les « zones ouvertes » de la forêt boréale, au nord de la région du Saguenay-Lac-Saint-Jean, et qui se régénèrent mal ou pas du tout. Certains chercheurs émettent en effet des réserves quant à la possibilité de reboiser ces zones, en raison des multiples perturbations d'ordre naturel (feux de forêt et épidémies) qui s'y sont produites au cours des derniers millénaires.

Tous ces espaces nouvellement plantés d'arbres auront le statut de forêt expérimentale, ce qui les met à l'abri de l'exploitation industrielle.

S'il veut tenir son rang de leader mondial de la lutte contre les changements climatiques, le Québec devrait faciliter bien davantage l'émergence de tels projets.

# CHAPITRE 14

# Les sources d'énergie renouvelables

La chaleur du Soleil et celle de la Terre, la force du vent et celle des marées, la décomposition des matières organiques : voilà autant de processus naturels qui vont offrir des sources d'énergie renouvelables, des sources qui ne s'épuisent pas et qui, pour la plupart, ne polluent pas. Leur impact écologique — c'est une autre de leur grande qualité — est négligeable si on le compare à celui des sources d'énergie fossiles. On comprend donc qu'on puisse les considérer comme les piliers d'une révolution énergétique en marche. Elles constituent en tout cas une solution évidente aux désastres causés par la production des sources d'énergie polluantes. Sans développement des sources d'énergie renouvelables, impossible d'atteindre les objectifs de réduction des émissions de GES.

Pour mieux saisir la portée du défi que constitue l'utilisation des sources d'énergie renouvelables dans la lutte contre les changements climatiques, je crois utile de réfléchir sur les deux systèmes actuels qui peuvent servir de modèle pour la production de l'énergie.

## Le système de production centralisée

C'est le système pour lequel a opté Hydro-Québec, le plus grand producteur d'énergie hydroélectrique de la province. Qu'on en veuille ou non, qu'on soit plutôt fier de ses réalisations ou qu'on les critique, le fait est que nous en avons hérité depuis un siècle. Pour comprendre comment fonctionne une production centralisée, il suffit de penser à une pyramide : la production se fait dans quelques lieux stratégiques, d'où elle est acheminée vers de multiples marchés, grâce à des lignes de transmission s'il s'agit d'hydroélectricité, sur des distances plus ou moins longues. Au cours de ce transport, on enregistre bien sûr une perte qui peut aller jusqu'à 15 % de l'énergie produite.

Les centrales au charbon, au gaz ou au mazout, les centrales nucléaires et les centrales hydroélectriques sont toutes issues du modèle de production centralisée, élaboré au XIX$^e$ siècle et porté à son apogée au cours de la première moitié du XX$^e$ siècle. Or, historiquement, ce choix de production a eu — et continue d'avoir — un prix. En voici quelques exemples.

La construction des grands barrages hydroélectriques dans le monde a conduit à de considérables déplacements de population. En Inde, on parle de 50 millions de personnes. C'est sept fois la population du Québec… Impossible aussi d'oublier aujourd'hui les tragédies qui, dans les pays en développement, accompagnent ces déplacements imposés.

On connaît également les graves problèmes d'irrigation

que subissent les régions ou les pays situés en aval des grands barrages. L'Irak, déjà assoiffé, verra s'assécher les eaux du Tigre et de l'Euphrate qui coulent sur son territoire, parce que la Turquie construit des barrages…

L'impact écologique de telles constructions est majeur lui aussi. Des estuaires marins ont ainsi été dévastés. C'est le cas du fleuve Colorado, qui ne se jette plus dans la mer de Cortés, de l'Indus, presque totalement coupé de l'océan Indien, du fleuve Jaune et du delta du Nil, fleuve qui coule littéralement sous la Méditerranée parce que l'apport de sédiments, qui autrefois le gardait à flot, est maintenant emprisonné derrière le barrage d'Assouan. Il ne s'agit pas ici de faire le procès de l'hydroélectricité mais simplement de comprendre que cette forme d'énergie, plus propre que d'autres, provoque également des impacts environnementaux non négligeables.

Je ne reviendrai pas sur la production du charbon, l'une des grandes responsables des changements climatiques, et je rappellerai seulement qu'elle est fondée elle aussi sur un modèle centralisateur

Et comment, enfin, passer sous silence les catastrophes des centrales nucléaires de Tchernobyl ou de Three Mile Island…

Au XXI$^e$ siècle, le concept de production centralisée demeure encore, et de loin, le modèle dominant, mais une transformation s'opère peu à peu vers un nouveau modèle, celui de la production décentralisée, appelée aussi « production distribuée ».

## Le système de production décentralisée (ou « distribuée »)

Cette forme de production d'énergie implique que, au lieu d'avoir un petit nombre de grandes sources de production d'énergie (centrales au charbon, nucléaires, hydroélectriques), on a un grand nombre de petites productions d'énergie, reposant sur des sources d'énergie renouvelables (solaire, géothermique, éolienne, etc.).

Le meilleur exemple de la production distribuée qu'on puisse donner est celui de l'Allemagne, qui en est en quelque sorte le paradis. Panneaux solaires sur le toit des habitations, petites éoliennes coopératives, bioréacteurs communaux qui transforment les déjections animales en méthane qu'on brûle pour produire de l'électricité, etc.

Chose certaine, les Allemands sont des gens ingénieux, pragmatiques, dotés d'un redoutable sens des affaires et déterminés à lutter contre le réchauffement climatique. En 2006, ils avaient déjà ramené leurs émissions de GES à 18 % sous le niveau de 1990, et ils sont résolus à se débarrasser de leurs centrales nucléaires.

Même dotés de toutes ces qualités, les Allemands n'auraient jamais pu avancer si loin sans une législation et des incitations fiscales appropriées. Ainsi un producteur de ces sources d'énergie renouvelables qui a un surplus peut-il le vendre dans le réseau à des tarifs vraiment avantageux. C'est cette tarification, dite *Feed In Tariffs* (FITS), qui est au cœur même du succès allemand au chapitre des sources d'énergie renouvelables, lesquelles occupent aujourd'hui une part substantielle de leur portefeuille énergétique.

Plus près de nous, le même phénomène est en train d'émerger chez nos voisins en Ontario. Leur gouvernement offre en effet de payer l'électricité produite quatre fois le prix du marché aux producteurs qui veulent tenter l'aventure des sources d'énergie renouvelables, c'est-à-dire qui alimentent des systèmes résidentiels d'énergies renouvelables comme l'éolien ou le solaire. Depuis 2006, l'Ontario Power Authority offre une garantie de paiement de 0,11 dollar le kWh pour la production d'énergie éolienne ou d'électricité générée par combustion de la biomasse (forestière ou agricole) et de 0,42 dollar le kWh pour l'électricité produite à partir de l'énergie solaire.

À titre indicatif, nous payons au Québec, dans le secteur résidentiel, environ 0,06 dollar le kWh. Si le Québec offrait des primes pour la production d'énergie solaire ou éolienne de deux à sept fois supérieures au tarif d'électricité que nous payons, l'impact sur l'utilisation de ces sources d'énergie serait majeur.

L'État du Vermont n'est pas en reste, lui qui offre aux petits producteurs des tarifs qui s'élèvent à 0,30 dollar le kWh pour de l'électricité produite grâce à l'énergie solaire. C'est environ cinq fois plus que les tarifs d'électricité que nous payons ici au Québec !

S'arrêter au cas de l'énergie solaire au Québec peut être intéressant, moins pour en expliquer le fonctionnement que pour illustrer les difficultés qu'affrontent encore les sources d'énergie renouvelables.

## L'énergie solaire

Je dois préciser, avant de parler du Québec, que, contrairement à ce qu'on croit habituellement, la production d'énergie solaire ne se fait pas toujours selon le modèle de la
décentralisation. Il existe en effet des démarches centralisées, dites concentrateurs solaires ou fermes solaires, et ces
filières centralisées ont actuellement le vent en poupe.

### Des panneaux solaires en plein Sahara

C'est le cas du gigantesque projet qui consiste en la
construction d'énormes installations dans le désert du
Sahara pour la production d'électricité d'origine solaire qui
sera exportée vers l'Europe. Un projet de 400 milliards d'euros sur une période de 40 ans, piloté par des gens qui ne sont
pas exactement des enfants d'école : Siemens, Eon et RWE
(des géants de l'électricité), Deutsche Bank et Munich Re
(un autre géant de l'assurance). Ces installations solaires
thermiques — la chaleur sert à produire de la vapeur qui est
ensuite turbinée pour produire de l'électricité — sont cen-
sées offrir leurs premières livraisons dans 10 ans et pourraient couvrir jusqu'à 15 % des besoins européens en électricité d'ici 2025[1].

### Le Québec, futur champion de l'énergie solaire ?

Le Québec a tout le potentiel nécessaire pour produire de
l'énergie solaire, sans pour autant avoir à renoncer à un système de production décentralisée. Nous bénéficions en effet

d'un ensoleillement plus prononcé qu'en Allemagne, qui pourtant est la championne, toutes catégories confondues, de la production de photovoltaïques. Alors, pourquoi n'utilise-t-on pas ce potentiel et pourquoi la production distribuée peine-t-elle tant à s'implanter ici ?

J'y vois plusieurs éléments de réponse.

D'abord, le Québec est l'un des endroits au monde où les coûts de l'électricité, et donc les tarifs payés, sont le plus bas, ce qui rend moins concurrentielles les sources d'énergie émergentes comme le solaire. Nos réserves d'électricité sont abondantes et le seront encore pendant un certain nombre d'années.

Ensuite, selon plusieurs analystes, la production d'énergie distribuée est une menace pour Hydro-Québec, et donc pour le Québec, dans la mesure où cette société d'État, qui détient le monopole de la production hydroélectrique, ne serait plus le maître d'œuvre du développement énergétique. Sur ce point, je tiens seulement à rappeler qu'Hydro-Québec ne fabrique pas de chauffe-eau pour nos résidences, ce qui ne l'empêche pas de nous vendre ou de nous louer ces appareils. Il pourrait donc en être ainsi pour le solaire.

La situation au Québec évolue plutôt lentement dans ce dossier, mais on peut relever certaines avancées.

Quelque 600 propriétaires de maison vont pouvoir toucher une subvention à l'achat d'un chauffe-eau solaire, dans le cadre d'un programme expérimental visant à valider l'adaptation de cette technologie au climat québécois. Ce programme est géré par l'Agence de l'efficacité énergétique du gouvernement du Québec. Les acheteurs concernés pourront économiser en électricité jusqu'à 200 dollars par année. Ce projet à court terme prendra fin en octobre 2010[2].

Trop timide comme banc d'essai, mais intéressant tout de même.

Une autre initiative mérite également d'être mentionnée. En juillet 2006, Hydro-Québec a mis sur pied un programme d'autoproduction d'énergie[3]. Les abonnés d'Hydro-Québec qui produisent aussi leur propre énergie avec des panneaux solaires (ou tout autre système de production d'énergie renouvelable) peuvent injecter leurs surplus d'énergie dans le réseau d'Hydro-Québec. En échange, ils reçoivent des crédits sous forme de kilowattheures (kWh). Le plafond d'électricité que les autoproducteurs sont autorisés à générer équivaut à 130 000 kWh. À titre indicatif, dans une maison unifamiliale, on consomme près de 26 500 kWh.

Seulement 11 ménages participent au programme... Comment expliquer un chiffre si modeste ?

D'abord, le programme est peu connu et les procédures administratives pour y accéder sont quelque peu complexes. Ce dont il ne faut pas nécessairement être surpris, puisqu'il s'agit au Québec d'un domaine encore très nouveau.

La situation pourrait peut-être changer, car la ministre des Ressources naturelles du Québec, Nathalie Normandeau, a annoncé la mise sur pied d'une « équipe spéciale » (dont j'ai été nommé président) qui a pour mandat de dresser le potentiel des sources d'énergie renouvelables, telles le solaire, l'éolien et la géothermie au Québec, d'étudier les programmes de développement de ces sources d'énergie qui ont été mis en place ailleurs dans le monde et de proposer une série de mesures qui permettraient au Québec de bénéficier de leur mise en valeur.

Les politiques très progressistes de l'Allemagne offrent un bon exemple dont le Québec aurait intérêt à s'inspirer. Il faut savoir que l'Allemagne est le producteur d'énergie solaire thermique le plus important en Europe, avec 3 200 GWh, et le plus important producteur d'énergie photovoltaïque au monde, avec 2 200 MWh[4].

Il faut également noter la très forte progression des différentes sources d'énergie renouvelables en Allemagne au cours des 10 dernières années[5].

Le Québec a en main tous les atouts pour devenir un prestigieux producteur d'énergie solaire. Ce que l'université Concordia vient de réaliser à Montréal en est un bon exemple.

Cette université peut en effet désormais s'enorgueillir d'avoir la plus importante installation productrice d'énergie solaire au Québec, qu'elle a placée sur la façade sud de son pavillon John-Molson, en plein centre-ville de Montréal. Ce nouvel immeuble vise une certification LEED argent[6], notamment grâce à l'aménagement d'un toit vert et à ses 384 panneaux solaires, qui combleront en effet de 5 % à 10 % des besoins du pavillon en électricité et en chauffage.

L'énergie solaire est maintenant plutôt bien connue au Québec, mais que sait-on de cette autre énergie qui pourrait apporter une envergure et un souffle certains au développement des sources d'énergie renouvelables et à la lutte qui nous intéresse ici ?

## Le biogaz

Le biogaz est un gaz combustible fait entre autres d'un mélange de méthane et de $CO_2$, ceux-là mêmes qu'on s'évertue à faire disparaître pour cause de pollution atmosphérique ! Pourtant, on le classe dans les sources d'énergie renouvelables : il est issu de la décomposition de la matière organique, et le processus de transformation de cette matière organique permet de réduire de façon importante les émissions de GES. Pour le produire, on utilisera par exemple des résidus agricoles. On fait déjà appel aux techniques qui permettent à différents pays de produire de l'électricité à partir du biogaz.

Produire du biogaz, voilà ce qu'a recommandé la Commission sur l'avenir de l'agriculture et de l'agroalimentaire québécois (aussi connue sous le nom de commission Pronovost[7]) dans son rapport final, daté du 12 février 2008. Cela permettrait, précisait-on, d'utiliser les résidus agricoles et d'en diminuer d'autant la charge polluante. Traitement efficace des lisiers et d'autres déchets organiques, utilisation des résidus comme engrais et réduction majeure des odeurs : les principaux problèmes écologiques associés à la production porcine et les problèmes de cohabitation diminueraient grandement…

Là encore, pour que les investissements requis soient rentables, le prix d'achat de l'électricité doit être plus élevé que l'actuel prix établi par Hydro-Québec. En Allemagne, par exemple, la vente de l'électricité produite à partir de la méthanisation des résidus agricoles peut atteindre 22 cents le kWh, alors qu'Hydro Québec achète l'électricité à des producteurs privés à un prix variant entre 3 et 7 cents le kWh…

Tenir compte de la contribution des biogaz à l'amélioration de l'environnement et à la réduction des GES dans le prix d'achat de l'électricité ainsi produite, c'est ce que le gouvernement devrait inciter Hydro-Québec à faire.

L'Ontario, pour sa part, songe à offrir un financement substantiel aux agriculteurs intéressés par la méthanisation. Notre voisin s'engage à assumer 70 % du coût des études de faisabilité des projets de méthanisation et à rembourser près de la moitié des coûts d'installation des digesteurs anaérobies nécessaires à la méthanisation du fumier. Il y consacrera cette année 11,2 millions de dollars. Déjà, 46 études de faisabilité et 12 projets de construction ont été approuvés.

Avec 109 000 tonnes de déchets organiques générés au Québec chaque année, on a de quoi produire assez d'électricité pour faire rouler des milliers de taxis et de camions ; un peu comme on le fait à Linköping, en Suède, où un train est propulsé par les émanations de gaz issues d'un mélange peu ragoûtant d'intestins de bœuf et de mauvais vin ! Taxis, autobus, camions de ramassage des ordures ménagères et même le train régional carburent au biogaz. Des initiatives comme celle-là font qu'en Suède le taux d'émissions de gaz à effet de serre par habitant se place parmi les plus bas dans les pays industrialisés. Pourquoi pas au Québec ?

## L'avenir du biogaz

L'exemple suédois et les encouragements de la commission Pronovost commenceraient-ils à faire des petits ? Le monde municipal et les groupes écologistes annoncent qu'ils « unissent leurs voix afin que Québec mette en place un programme de financement des infrastructures de prétraitement, de traitement et de valorisation biologique des matières organiques[8] ».

Il y a beaucoup de monde derrière cette déclaration : l'Union des municipalités du Québec, la Fédération québécoise des municipalités, la Communauté métropolitaine de Montréal, la Communauté métropolitaine de Québec, le Regroupement national des Conseils régionaux de l'environnement et finalement Action Re-Buts. C'est plutôt impressionnant de voir toutes ces organisations mettre l'épaule à la roue pour atteindre, d'ici 2012, un objectif de récupération de 60 % de ce qu'on jette dans nos sacs verts. Et que va-t-on faire avec ces déchets organiques ? Du compost ou du biogaz…

Avec 109 000 tonnes de déchets organiques générés au Québec chaque année, il y aurait de quoi faire rouler des milliers de véhicules et produire pas mal d'électricité, certes, mais ce n'est pas tout.

Avec l'utilisation du biogaz, on s'attaque de plein fouet au problème des sites d'enfouissement, dont on ne sait plus quoi faire tant ils débordent et qui constituent une menace à la salubrité, notamment à celle des cours d'eau.

Je ne serais pas surpris de voir les multinationales du déchet préparer une contre-offensive en invoquant le « droit de gagner leur vie ». Mais, tant qu'à gagner sa vie, aussi bien le faire d'une façon qui apporte des bienfaits à toute la collectivité et à l'environnement…

## L'énergie éolienne

C'est certainement la forme de production d'énergie qui connaît le plus fort taux de croissance au niveau mondial. Depuis quelques années, l'Association mondiale de l'énergie éolienne (en anglais, Global Wind Energy Council, ou GWEC) publie un rapport annuel qui traite de la progression de l'énergie éolienne sur la scène mondiale et qui fait état des projections de son développement. Celles-ci épatent vraiment : en 2008, la production d'énergie éolienne a été 20 fois plus importante qu'en 1996, et on prévoit de la tripler d'ici 2013[9]. On propose aussi des pistes de solution qui peuvent servir à aplanir les obstacles rencontrés dans la mise en place des politiques et des programmes en matière d'énergie éolienne.

Selon les estimations du GWEC, l'énergie éolienne représentera de 10 à 12 % de la production électrique mondiale d'ici 2020. Qu'on y pense bien : un dixième de toute l'électricité produite dans le monde d'ici 2020 proviendra d'une source énergétique renouvelable, qui n'émet ni de GES ni d'autres agents de pollution atmosphérique !

Pourtant, alors que les vents sont d'une grande qualité au Canada, nous ne figurons même pas parmi les 10 plus grands producteurs d'énergie éolienne au monde. L'Inde produit quatre fois plus d'énergie éolienne que le Canada, la Chine, presque six fois plus, et l'Espagne, sept fois plus. Même lorsqu'on tient compte de la taille très différente des populations, les États-Unis sous la présidence de George W. Bush ont produit plus d'énergie éolienne que nous ne le faisons sous le gouvernement conservateur de Stephen

Harper. Et je ne parle pas de l'Allemagne ni du Danemark, car ce serait gênant pour le Canada !

## Au Québec

Si les éoliennes font déjà partie du paysage en Gaspésie (c'est là qu'on les a d'abord installées), on sait maintenant que plusieurs régions du Québec disposent de grands gisements éoliens, par exemple la Montérégie, le Bas-Saint-Laurent et la Côte-Nord, qui détient à elle seule près du tiers de ce potentiel.

Dans le cadre des audiences de la Régie de l'énergie concernant le projet de la centrale au gaz naturel du Suroît (projet maintenant défunt), Équiterre, en collaboration avec d'autres organisations[10], avait chargé Hélimax, une firme de consultants indépendants en énergie éolienne, d'établir la cartographie éolienne de tout le sud du Québec (au sud du 53e parallèle) et d'analyser les retombées socio-économiques d'un ambitieux programme de développement éolien.

Cette étude, rendue publique en avril 2004, conclut que le Québec dispose d'un potentiel éolien gigantesque et que ses prix sont tout à fait concurrentiels par rapport à ceux des autres filières de production d'électricité. Ce potentiel éolien technique jugé économiquement viable à court et à moyen terme, et qui peut être installé à moins de 25 kilomètres des actuelles lignes de transport d'électricité, s'élève à environ 100 000 MW, soit l'équivalent de la production d'électricité totale d'Hydro-Québec[11]. Cette conclusion a beaucoup surpris. En 1998, selon les analyses, le potentiel éolien québécois ne dépassait pas 5 000 ou 6 000 MW ! Il faut dire que les méthodes d'analyse et de prévision du potentiel éolien ont progressé de façon phénoménale au cours des dernières années.

Comment expliquer que l'ensemble des groupes écologistes québécois fassent une telle promotion de l'énergie éolienne ? La première raison est assez évidente : la production de cette énergie a un impact très faible sur l'environnement, en tout cas nettement moindre que celui des sources d'énergie traditionnelles, telles le charbon, le nucléaire, le gaz naturel ou encore l'hydroélectricité. La seconde raison est intéressante : l'énergie éolienne devient de plus en plus concurrentielle sur le plan économique, en raison des développements technologiques.

Quel pourrait être l'impact de l'énergie éolienne sur la création d'emplois ? Quelles en seraient les retombées économiques pour le Québec ? Selon cette même étude, si l'on retient un scénario de production d'énergie éolienne de 4 000 MW d'ici 2008, 14 000 emplois directs (année-personne) et 48 000 emplois indirects pourraient être créés en 25 ans. Et, selon un scénario de production plus faible, soit seulement 1 000 MW d'ici 2008, on en arrive à 4 000 emplois directs et 12 000 emplois indirects créés, toujours en 25 ans[12].

### Pour ou contre l'énergie éolienne ?

Comment la population perçoit-elle l'énergie éolienne ? Quel est le degré d'acceptabilité sociale de cette énergie au Québec ? Deux sondages de la firme Léger Marketing portant sur les préférences énergétiques de la population ont été réalisés en 2004. Le plus récent l'a été dans le cadre de la Commission parlementaire de l'économie et du travail s'intitulant « Le secteur énergétique au Québec : contexte, enjeux et questionnements », et la question posée était la suivante : « Dans l'hypothèse où nos besoins énergétiques augmentent au Québec au cours des prochaines années et qu'Hydro-Québec affirme qu'il faut au moins dix ans pour construire de grands barrages hydroélectriques, quelles approches préférez-vous pour combler nos besoins énergétiques à court terme parmi les approches suivantes ? » La réponse a été sans équivoque, comme le démontre le graphique de la page suivante.

Cet appui populaire donné à l'énergie éolienne se vérifie également sur le terrain. Le TechnoCentre éolien de Gaspé a rendu public en décembre 2004 les résultats d'un autre sondage, celui-là réalisé auprès de 592 touristes. Quelque 87 % d'entre eux connaissaient bien les éoliennes et en avaient déjà vu, et 95 % avaient une perception positive des éoliennes. Les éoliennes dans le paysage n'éloigneront donc pas les touristes, bien au contraire[13].

J'ai moi-même été témoin de l'enthousiasme lié à l'énergie éolienne en Gaspésie, dans le cadre d'une des journées « portes ouvertes » organisées à l'Anse-à-Valleau à propos du projet d'établissement d'un parc éolien. La très grande majorité des résidants de la région ayant participé à cet événement étaient favorables au projet, et même très favorables à l'énergie éolienne en général. Quant à ceux qui ne l'étaient pas, les promoteurs du projet ont pris le temps d'entendre leurs doléances pour en tenir compte et adapter

Préférences énergétiques des Québécois et Québécoises

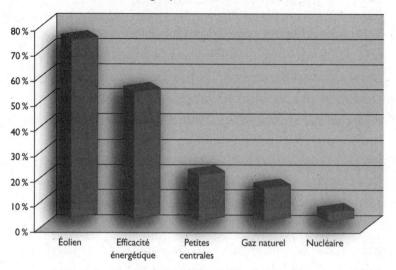

Source : sondage Léger Marketing, Équiterre et Greenpeace, 12 novembre 2004.

le projet en conséquence. L'une des principales objections qu'on oppose au développement de la filière éolienne, c'est l'impact visuel des turbines qui doivent être installées pour produire l'électricité. Jusqu'à maintenant, au Québec, les éoliennes ont été installées en priorité près des régions habitées, pour la simple et bonne raison que le raccordement des ces parcs d'éoliennes au réseau de transport et d'électricité d'Hydro-Québec en était ainsi simplifié. En effet, plus les éoliennes sont installées près des lignes électriques — mais aussi près de centres de consommation d'électricité —, plus le coût de production de l'énergie éolienne est bas. Le fait d'installer les éoliennes près des zones habitées a créé des remous dans certaines régions, puisque les résidants ou les villégiateurs n'ont pas nécessairement envie de les voir. C'est ce qu'on appelle l'effet NIMBY (*not in my backyard* — pas dans ma cour !).

À voir certains reportages dans les médias québécois, on conclurait vite à l'existence d'une vague anti-éolienne qui frapperait l'ensemble du Québec. À ce jour, la seule étude sérieuse sur le sujet démontre le contraire. La firme de recherche en marketing Multi Réso – recherche marketing a procédé à un vaste sondage auprès de 1 000 répondants à travers le Québec, dont 500 personnes vivant à moins de 10 kilomètres d'un parc éolien existant[14]. Les résultats de cette étude sont vraiment frappants.

Pour résumer, on peut dire que les personnes habitant à moins de 10 kilomètres de l'un des parcs éoliens existants y sont devenues plus favorables après l'installation des éoliennes qu'elles ne l'étaient avant. Ce qui fait dire aux auteurs de l'étude que « seulement un résidant sur vingt

**Perception des parcs éoliens par les populations voisines
(enquête Multi Réso, 2008)**

**Avant le parc** (n = 500)
« Au tout début, lorsqu'il a été question d'un parc d'éoliennes dans ma région, j'étais personnellement… à l'égard de ce projet. »

**Après l'installation** (n = 500)
« Maintenant que le parc d'éoliennes est en activité, je suis personnellement… à l'égard du parc. »

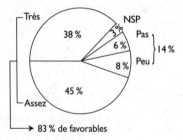

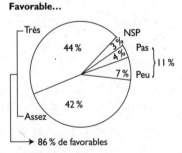

4 % étaient « favorables » et sont devenus « défavorables ».
7 % étaient « défavorables » et sont devenus « favorables ».

habitant près d'éoliennes est défavorable au parc éolien de sa région[15] ».

Alors que le sondage Équiterre-Greenpeace de 2004 a révélé un appui à l'énergie éolienne atteignant 76 %, l'étude Multi-Réso démontre un taux d'appui de 86 %. Plus de gens sont donc favorables à l'énergie éolienne aujourd'hui qu'en 2004.

Et les mécontents ? Le développement de l'énergie éolienne ne fait pas toujours que des heureux, il faut en convenir aussi. Ce qui s'explique quand on sait que ce genre de développement a lieu dans le cadre de grands projets et sans grande consultation des citoyens. J'ai d'ailleurs à plusieurs occasions demandé publiquement que l'énergie éolienne soit développée avec la plus grande transparence possible et qu'on fournisse les outils nécessaires aux municipalités et aux régions pour que ce développement se fasse de façon harmonieuse.

## Un exemple novateur : l'énergie éolienne communautaire

Pour pallier le manque de transparence et pour accroître la participation des citoyens à la mise en valeur des sources d'énergie renouvelables, on a créé une formule de développement extrêmement intéressante : l'énergie éolienne communautaire. Il s'agit essentiellement de projets éoliens développés par un groupe de personnes. Il peut s'agir d'une municipalité, d'un groupe de municipalités ou encore des coopératives de résidants ou de fermiers qui habitent près d'un parc éolien.

Le modèle mondial de l'énergie éolienne communautaire est certainement le Danemark, où 100 000 familles possèdent 86 % des éoliennes en place. L'Allemagne aussi avance vite sur ce terrain : 200 000 personnes ont investi dans la construction de parcs éoliens, ce qui représente environ 17 % de la production éolienne allemande[16]. Quant au Québec, il a lancé en 2009 un processus pour favoriser ce type de développement éolien. Plus de 20 % de l'énergie éolienne produite au Québec le sera, prévoit-on, dans ce cadre-là. C'est clair, nous ne rattraperons pas immédiatement ni les Danois ni les Allemands. Mais nous pouvons quand même nous féliciter d'avance : l'énergie éolienne communautaire au Québec représentera l'équivalent de la moitié de tous les projets communautaires dans l'ensemble des États-Unis[17].

## La géothermie

C'est une source d'énergie renouvelable révolutionnaire. Elle est là, sous nos pieds. Il suffira d'utiliser la chaleur accumulée dans les sols pour chauffer et climatiser nos maisons. Les économies d'électricité que nous pourrions réaliser grâce à la géothermie sont énormes.

Voici, en gros, comment cela fonctionne.

Le circuit souterrain constitue la source de chaleur — ou de fraîcheur — du système géothermique. Il peut être situé dans le sol ou dans une nappe d'eau souterraine, et on parle alors d'un système fermé. Il peut également être relié à un puits classique ; il s'agit alors d'un puits ouvert.

Un liquide (mélange d'antigel et d'eau) circule dans la

canalisation souterraine et dans la thermopompe. En hiver, ce liquide puise la chaleur du sol ou de l'eau souterraine ; l'été, il capte l'air chaud de la maison et l'évacue vers le sol. Le circuit fermé peut être configuré à l'horizontale ou à la verticale. Le circuit fermé vertical est le plus courant, car il s'adapte bien aux terrains de superficie moyenne[18].

La géothermie peut constituer une solution astucieuse en vue de réduire la consommation d'électricité dans les bâtiments et d'utiliser ces surplus inemployés à l'électrification des transports. Aujourd'hui, plus d'un million de systèmes géothermiques sont en service en Amérique du Nord.

Même si la géothermie est encore embryonnaire au Québec, on a déjà réalisé quelques projets intéressants au cours des dernières années. Par exemple, la coopérative canadienne de plein air Mountain Equipment COOP (MEC). Le magasin situé à Montréal consomme environ 70 % moins d'énergie que le maximum permis par le Code national de l'énergie. Des puits d'une profondeur de 175 mètres permettent l'extraction de la chaleur du sol pour chauffer l'édifice en hiver et disperser la chaleur en été[19]. On a aussi doté le bâtiment d'une enveloppe (murs, vitrage et toit) très étanche et bien isolée qui contribue à ralentir les pertes de chaleur en hiver et la pénétration de chaleur en été.

Le cas de l'école du Tournant, à Saint-Constant, est encore plus convaincant puisque l'efficacité énergétique de cette école est supérieure de 80 % à celle des écoles traditionnelles et qu'elle dépasse même les projections des experts, qui avaient chiffré son efficacité à 62 %. Il s'agit de l'école la plus écoénergétique au Canada. On y a combiné la géothermie avec un « mur solaire » qui permet de préchauffer l'air utilisé pour le chauffage de l'école. Grâce à des économies d'énergie évaluées à 35 000 dollars par année, le surcoût lié aux nouvelles mesures énergétiques sera remboursé en à peine six ans[20].

À l'échelle d'une seule résidence, le coût d'un système géothermique demeure encore élevé — on parle de plus de 2 000 dollars — mais, si l'on commençait à intégrer ces systèmes à l'ensemble de nos nouvelles constructions (résidentielles, commerciales ou encore industrielles), ce coût diminuerait rapidement.

En Ontario, des entrepreneurs s'activent déjà pour réaliser des parcs géothermiques ayant la dimension d'un parc industriel ou d'un pâté de maisons.

Le Manitoba est certainement la province canadienne dont le programme incitatif de développement de l'énergie géothermique est le plus vigoureux. Plus de 6 000 systèmes ont été installés dans le cadre d'un programme provincial offrant aux propriétaires jusqu'à 3 000 dollars pour l'installation d'un système géothermique dans une résidence, et 150 000 dollars dans un édifice à vocation commerciale. Un exemple marquant à suivre pour le Québec, où l'on ne prévoit installer, à l'aide d'un programme incitatif, qu'une centaine de systèmes au cours des prochaines années.

## L'urgence de retrouver un lieu public d'échange

Il existe peu de lieux publics où nous pouvons, en tant que citoyens, débattre des meilleures options énergétiques pour le Québec. C'est un problème.

La seule façon de sortir de cette impasse serait de redonner à la Régie de l'énergie le droit de regard qu'elle avait sur la production d'Hydro-Québec avant que celui-ci ne lui ait été retiré en 1999, quand le projet de loi 116 a été adopté. Auparavant, la Régie de l'énergie du Québec était une instance où on pouvait tenir de véritables débats publics, où on pouvait prendre des décisions sur les diverses filières de production. Cette dépolitisation des décisions relatives à la production d'énergie avait fait l'objet d'un consensus sans précédent lors des travaux de la Table ronde nationale sur l'avenir énergétique du Québec en 1995. Le projet de loi 116 nous a ensuite ramenés à l'ère où les débats se font presque uniquement dans ces commissions parlementaires où les considérations partisanes et le jeu politique prévalent et dans lesquelles la société civile est très peu représentée.

Comme Hydro-Québec verse des dividendes importants à un gouvernement québécois qui en a bien besoin, la tentation est forte de considérer que les bénéfices à court terme pèsent plus lourd dans la balance que les bénéfices à long terme ou que le bien public.

Bien sûr, les besoins financiers de l'État québécois sont criants. Et, de toute évidence, il faudra aussi juger la production décentralisée selon sa contribution au bien-être collectif, dont les finances publiques représentent un aspect important. Mais rien ne justifie le statu quo actuel.

# CHAPITRE 15

# L'écobâtiment

Juin 2009. On inaugure un nouvel édifice à Boischatel, près de Québec. Qu'il s'agisse du Centre d'expertise financière rattaché à la caisse Desjardins des chutes Montmorency n'est pas en soi une nouvelle très importante. Mais que, pour sa construction, on ait porté une attention particulière à l'efficacité énergétique, à la consommation d'eau, au chauffage, à l'utilisation de matériaux locaux et à la réutilisation des surplus, et que, dans ce bâtiment, on trouve un système de chauffage et de climatisation par géothermie, un mur solaire, des capteurs solaires thermiques dissimulés en toiture, des matériaux à faible émissivité, voilà qui est intéressant !

On doit en effet se rappeler que les bâtiments accaparent actuellement environ 40 % de la consommation d'énergie dans le monde. C'est là une contribution majeure aux changements climatiques. Et, en raison de la hausse du niveau de vie d'un nombre croissant de personnes, on estime que la consommation énergétique totale va augmenter de façon spectaculaire d'ici 2050[1].

Selon la Commission de coopération écologique de

l'ALENA (Accord de libre-échange nord-américain — Canada, États-Unis, Mexique), le secteur de la construction représente 35 % des émissions de GES. On comprend donc qu'elle recommande vivement aux dirigeants de ces pays de faire de l'écobâtiment un moteur fondamental d'améliorations écologiques, sociales et économiques.

Pour réduire la consommation énergétique et les émissions de GES dans ce secteur, il faut donc revoir d'urgence les normes du Code du bâtiment, apporter des rénovations écoénergétiques aux bâtiments existants, mettre en place un programme de certification du bâtiment, améliorer l'efficacité énergétique des habitations pour les personnes à faible revenu, etc.

Ainsi, l'écobâtiment, selon le Conseil du bâtiment écologique des États-Unis, réduirait la consommation d'énergie de 30 %, les émissions de carbone de 35 %, la consommation d'eau de 30 à 50 % et les coûts liés aux déchets de 50 à 90 %[2].

Ces chiffres viennent appuyer les propos de la directrice de l'Agence de protection de l'environnement (EPA) des États-Unis, selon laquelle les bâtiments certifiés *Energy Star* consomment 35 % moins d'énergie[3].

Et, si l'exemple vient parfois d'en haut, je peux difficilement ne pas évoquer celui de l'Empire State Building. En mobilisant les meilleurs efforts et en privilégiant une démarche où l'on tient compte à la fois d'un design intelligent, de l'efficacité énergétique et des sources d'énergie renouvelables (une démarche qu'on dit « intégrée »), on va faire diminuer sa consommation énergétique de près de 40 % et on évitera ainsi l'émission de plus de 100 000 tonnes métriques de carbone au cours des 15 prochaines années. Une autre façon de consolider le mythe de cet édifice new-yorkais !

Et que dire de l'Europe ?

À partir de 2019, tous les nouveaux bâtiments européens construits ou faisant l'objet d'une rénovation importante devront avoir un bilan énergétique nul.

En France, à Dijon, haut lieu de la fabrication de la moutarde, on vient d'inaugurer la première tour à énergie positive au monde ! Ces 5 000 m² de bureaux émettent six fois moins de $CO_2$ qu'un bâtiment standard. Et cela, sans surcoût de construction[4].

Ce qui frappe surtout, c'est l'énormité du potentiel que représentent les économies d'énergie dans le bâtiment. Il faut se rappeler qu'au Québec, en 2001, 70 % du chauffage des bâtiments était électrique, ce qui représentait 17 % de notre consommation d'électricité. Et nous verrons comment nous chauffer sans avoir recours ou presque à la précieuse électricité.

## « Logement social vert et écologique »

Tel était le titre de ma chronique dans le journal *Le Métro*, le 15 juin 2009. Depuis plus de six ans, avec des proches, je travaille à l'élaboration d'un projet de coopérative d'habitation, une « coop verte ».

En cours de construction au cœur du quartier Rosemont-Petite-Patrie, les 95 logements de la coop Le Coteau-Vert seront prêts en 2010. Ce premier projet de logement social vert au Québec s'intègre au « Quartier 54 », qui regroupe déjà des logements pour personnes âgées et des condos.

Le logement vert ne coûte *pas* plus cher, contrairement à ce que laissent croire des rumeurs largement répandues. Nous avons réussi à mener à bien ce projet avec les enveloppes budgétaires restreintes qui nous ont été accordées. Beaucoup de créativité de notre part et une collaboration très solidaire avec l'ensemble des autres intervenants (gouvernement du Québec, Société canadienne d'hypothèques et de logement, Ville de Montréal, architectes, ingénieurs, entrepreneurs, etc.) ont engendré la réussite de ce projet.

L'une des innovations de ce bâtiment se trouve au niveau même de sa conception. Je m'explique. Les vagues de chaleur meurtrières que nous avons connues durant les 15 dernières années nous ont permis de comprendre que ce seront les populations pauvres qui subiront le plus les impacts des changements climatiques dans les pays riches. Par exemple, la vague de chaleur qui a fait près de 40 000 victimes dans le sud de l'Europe en 2003, dont environ 15 000 dans la banlieue parisienne, a démontré que les personnes les plus vulnérables aux augmentations de température en milieu urbain sont principalement les personnes âgées, celles qui habitent dans des quartiers pauvres, où les arbres et les parcs sont en nombre très réduit, et qui n'ont pas les moyens de se payer un système de climatisation. Nous avons donc intégré des éléments qui permettraient à l'ensemble des occupants de notre coopérative d'habitation, riches et pauvres, d'avoir accès à un minimum de services gratuits : ventilation naturelle pour tous les appartements, plantation de feuillus du côté sud pour bloquer une partie des rayons du soleil en été et ainsi éviter la surchauffe des appartements, et utilisation de la géothermie (qui peut aussi servir à refroidir les lieux).

Parmi les mesures que nous avons prises, je voudrais mentionner qu'au cœur du Coteau-Vert se trouvera une grande cour intérieure, qui était à l'origine un vaste stationnement ! Avec les architectes, l'arrondissement Rosemont-Petite-Patrie et les futurs occupants, nous sommes vite convenus que, à deux minutes de marche de la station de métro Rosemont et du réseau des pistes cyclables, il aurait été ridicule de sacrifier cet espace à la voiture solo. Donc, à la place des 75 espaces de stationnement, on n'en trouvera qu'une douzaine, dont près de la moitié sont réservés aux voitures de location collectives de chez Communauto.

Est-ce que ce projet pourrait servir d'exemple pour d'autres constructions du même type ? Oui, certainement. Et c'est ce que souhaitent vivement tous ceux qui ont travaillé à sa réalisation, notre groupe de départ et celui des professionnels (les architectes, les ingénieurs, les entrepreneurs).

Mais il faudrait d'abord moderniser le Code du bâtiment, de plus en plus désuet, mais aussi adapter, au Québec comme au Canada, les sources de financement pour le logement social de façon à ce que soit prise en compte une réalité parfois bien différente de celle de la construction privée.


## La question du ciment

Dans une perspective de réduction des émissions de GES et dans le cadre de l'écobâtiment, le problème posé par la production du ciment n'est pas anodin. Et, nous allons très vite le voir, le Canada est considérablement en retard concernant la résolution de cette question.

Quels sont les liens entre le ciment et les changements climatiques ?

Je veux d'abord rappeler que le ciment, le Portland, sert à la fabrication du béton, qui est le matériau de construction le plus répandu au monde. Pour produire le ciment lui-même, on doit soumettre du calcaire à de très hautes températures. Or, lors de sa combustion, le calcaire subit une réaction chimique : il libère de bonnes quantités de son $CO_2$ pour ne garder que de l'oxyde de calcium.

Ainsi, selon les données de l'Association canadienne du ciment (ACC), pour chaque tonne de ciment produite au Canada, près de 800 kilos de $CO_2$ sont émis dans l'atmosphère. On a ainsi établi que la production mondiale de ciment est responsable de 5 % de toutes les émissions de GES d'origine humaine.

Pour alimenter les fours qui vont servir à la production du ciment, il faut utiliser l'équivalent de 60 à 130 kilos de pétrole et 110 kWh d'électricité pour produire une tonne de ciment. Aujourd'hui, on arrive à utiliser de plus en plus de combustibles de remplacement (comme des pneus usagés) dont certains sont considérés comme renouvelables. C'est le cas, notamment, des résidus fibreux de l'industrie du bois.

On voit vite toutes les sources d'énergie mises à contribution pour la production du ciment. Et c'est sans compter l'exploitation même des carrières de calcaire, qui perturbe de vastes étendues du territoire…

Des progrès sont heureusement en cours. Récemment, le World Business Council for Sustainable Development[5] (WBCSD) a estimé que le secteur des cimenteries pouvait réduire ses émissions d'un quart. Au Canada, l'ACC rapporte que, de 2003 à 2006, l'intensité des émissions de gaz à effet de serre dans la production de ciment s'est amoindrie de 1,3 %. Cela veut dire que, pour chaque unité de ciment produite, on a émis un tout petit peu moins de GES. Cela ne veut pas dire pour autant que les émissions totales de l'industrie du ciment ont diminué.

Hélas, comme l'indique le tableau ci-dessous, l'industrie du ciment canadienne a un retard considérable en

| Consommation d'énergie issue de sources renouvelables et de remplacement dans l'industrie du ciment (en pourcentage) | |
|---|---|
| Pays-Bas | 83 |
| Suède | 47,8 |
| Autriche | 46 |
| Allemagne | 42 |
| Norvège | 35 |
| France | 34,1 |
| Belgique | 30 |
| Suède | 29 |
| Luxembourg | 25 |
| République tchèque | 24 |
| Japon | 10 |
| États-Unis (moyenne 5 ans) | 8,8 |
| Canada (moyenne 5 ans) | 6,9 |

Source : Association canadienne du ciment, *Rapport sur la durabilité*, 2008.

matière de consommation d'énergie issue de sources renouvelables et de remplacement. Ainsi, 83 % de l'énergie que les Pays-Bas utilisent pour produire du ciment provient de sources renouvelables et de remplacement. Au Canada, la proportion est de moins de 7 %...

Le Québec compte trois grandes cimenteries : l'une se trouve à Saint-Philippe-de-Laprairie, sur la Rive-Sud de Montréal, une autre, dans la région de Joliette, et la troisième, à Beauport, dans la région de Québec. D'autres cimenteries de moindre importance sont réparties en région.

On comprendra sans difficulté pourquoi j'insiste sur le fait que toutes ces cimenteries devraient rapidement emboîter le pas pour réduire leurs émissions de GES.

Est-il nécessaire aussi de rappeler que toute l'énergie libérée lors de la production du ciment est dissipée en pure perte dans l'atmosphère ? Or on a bien trouvé le moyen d'utiliser les biogaz de la carrière Miron pour produire de l'énergie sous forme de vapeur à l'usine Gazmont et pour chauffer ou climatiser au besoin le Centre artistique et communautaire La Tohu à Montréal. J'ai donc peine à comprendre qu'on ne canalise pas toute cette énergie perdue par les cimenteries à des fins utiles, pour le chauffage des agglomérations situées à proximité, par exemple...

ÉPILOGUE

# L'environnement, condition d'une économie prospère

Pendant des décennies, on nous a rebattu les oreilles avec les sempiternels refrains sur l'absolue priorité qu'il fallait donner à l'économie, sur la nécessité de créer d'abord de la richesse pour pouvoir ensuite s'occuper de l'environnement. Qui n'a pas été consterné d'entendre le premier ministre du Canada, Stephen Harper, affirmer qu'une diminution des émissions de GES en provenance des sables bitumineux de l'Alberta nuirait à l'économie de son pays ? Il s'agit là, j'en suis persuadé, d'une façon obsolète de penser le monde, mais à laquelle sont malheureusement encore fermement attachés les Stephen Harper et autres inféodés à des groupes d'intérêts particuliers.

Je crois que ce lien incontestable qui unit l'environnement et l'économie est aujourd'hui de mieux en mieux compris. J'en ai pour preuve un récent sondage La Presse canadienne-Harris Decima, selon lequel la grande majorité (67 %) des Canadiens ne souhaitent pas que les gouvernements se servent de la récession pour réduire les efforts déployés afin de combattre le réchauffement climatique[1].

On aurait pu en effet craindre que la crise financière et économique actuelle n'affaiblisse le sentiment de l'urgence qu'il y a à amplifier les moyens pour lutter contre les changements climatiques, comme cela s'était déjà produit lors de la crise économique du début des années 1990, alors que l'environnement avait complètement disparu de nos écrans radars. Or, j'ai la certitude que cette crise ne pourra être résolue sans que la crise écologique le soit aussi. Comme le préconise avec lucidité le Programme des Nations Unies pour l'environnement (PNUE) dans son appel lancé en faveur d'un nouveau pacte vert mondial, investir dans l'environnement constitue une occasion historique de relancer l'économie et la création d'emplois au XXIe siècle. Une économie verte pour relancer l'économie mondiale ? C'est le monde à l'envers ! Et je m'en réjouis, car cet envers correspond parfaitement à mes convictions.

## Changement de cap

### Au Québec

Sur le rapport qu'il y a désormais à établir entre économie et environnement, le gouvernement actuel du Québec fait une analyse qui me semble refléter, jusqu'à un certain point, cette nouvelle vision des rapports entre l'environnement et l'économie. À l'occasion de l'anniversaire de l'entrée en vigueur du protocole de Kyoto, la ministre de l'Environnement et du Développement durable, Line Beauchamp, a expliqué avec raison que les changements appelés par la crise économique ne pouvaient pas ne pas prendre en compte le défi climatique. Concilier l'économie et l'environnement n'était plus désormais un choix, c'était devenu une question de survie.

Même ton et même analyse dans le discours inaugural du premier ministre, en mars 2009, dans lequel il a constaté l'échec de l'usage que l'économie avait fait des ressources de la planète. La crise économique actuelle se double donc d'une crise écologique : « J'ai la profonde conviction que cette double crise déclenchera la véritable révolution du développement durable. Un monde meilleur en émergera, et le Québec y contribuera[2]. » Pourquoi contredirait-on de tels propos !

Il faut maintenant passer aux actes. Au Québec, je constate que, depuis 2006, un virage a été amorcé en ce sens, mais il n'est qu'amorcé... Nombre de défis restent à relever. Notamment dans l'aménagement du territoire et les transports, où les décisions prises aujourd'hui relèvent d'une autre époque, celle de l'après-guerre et du tout-à-l'auto. Or on ne peut pas, d'un côté, investir des milliards de dollars dans de nouvelles infrastructures routières et, de l'autre côté, espérer avoir un réseau de transports en commun qui soit à la hauteur de nos attentes.

Je persiste toutefois à croire que le Québec peut parfaitement jouer un rôle de précurseur en matière de lutte contre les changements climatiques, comme le font la Suède et la Californie. Nous possédons le savoir-faire, les outils, les ressources. Il ne reste que l'essentiel : faire en sorte qu'on les mette à profit.

## Ailleurs dans le monde

Ces changements de cap se sont accélérés — créés par un effet boule de neige —, et j'en veux pour témoin la multiplication des plans de relance verts mis en place par plusieurs pays pour faire face à la crise financière et économique mondiale. Ils affichent tous une compréhension plutôt perspicace des luttes à mener pour à la fois sortir du marasme économique et éviter la catastrophe climatique. Je tiens donc à les souligner ici.

Le quotidien économique et financier britannique *Financial Times*[3] a fait une compilation des mesures vertes annoncées dans le cadre de ces plans de relance. C'est la Corée du Sud qui occupe le premier rang : elle a investi 79 % de son plan de relance dans des mesures vertes ; l'Union européenne, elle, investira 64 %, la Chine, 36 %, l'Australie, 21 %. Quant au Canada, il arrive presque en queue de peloton avec 9 %, alors que la moyenne des pays industrialisés se situe à 14 %...

### En Corée du Sud

Pour mieux comprendre l'importance de ce qui se passe en Corée du Sud, il faut se rappeler que ce pays est le dixième consommateur mondial d'énergie et le cinquième importateur de pétrole. Son approvisionnement énergétique dépend à 97 % des importations et à 83 % des combustibles fossiles. Une situation de moins en moins tenable à l'heure où le prix du baril de pétrole risque de s'élancer vers de nouveaux sommets avec la reprise économique qui s'annonce.

En se dotant d'un plan vert, la Corée du Sud voulait faire d'une pierre deux coups : d'une part, investir et, d'autre part, soutenir des projets de lutte contre les changements climatiques. En d'autres termes, prendre soin et de l'économie et de l'environnement ! Son plan de relance s'élève à 36 milliards $ US.

Ce plan doit se traduire sous peu en un véritable plan quinquennal de « croissance verte ». Selon Kim Choong-soo, l'ambassadeur sud-coréen à l'OCDE, la politique de croissance verte de son pays sera certes bénéfique pour l'environnement et contribuera à lutter contre les changements climatiques, mais elle va bien au-delà d'un simple plan climatique, puisqu'il s'agit d'abord et avant tout d'un plan de développement économique[4].

Un plan vert considéré comme un plan de développement économique, on croit rêver !

Un dernier élément me semble intéressant à relever. Selon un proche du président Lee Myung-bak, la crise actuelle constituerait une occasion inespérée d'entrer dans le groupe des pays avancés. Séoul veut ainsi faire passer sa part de marché dans les industries vertes de 4 % (son niveau en 2007) à 7 % dès 2012 et à 25 % en 2050. Comment se propose-t-on d'y arriver ? Par l'innovation et la compétitivité dans les secteurs de l'énergie solaire, de l'énergie éolienne, des piles à combustible ou des voitures moins polluantes. Le plan sud-coréen prévoit ainsi la création de 960 000 emplois sur quatre ans, dont 140 000 au cours de la première année. Si tout se passe bien, on aura là peut-être l'occasion de célébrer l'alliance réussie de la lutte contre les changements climatiques et de l'économie...

*Au Japon*

Même tableau réjouissant au Japon : l'environnement transformé en sauveur de l'économie ! Le plan de relance vert s'élève ici à 637 milliards d'euros. Où sera investi ce montant pour le moins généreux ? Dans des installations à haute efficacité énergétique, dans la promotion de technologies peu polluantes, dans des activités à fort potentiel de croissance et de création d'emplois. C'est clair et concluant...

Le Japon est déjà un leader mondial dans le domaine des technologies vertes : ce secteur emploie 1,4 million de personnes et génère des revenus de 745 milliards de dollars. Le ministre de l'Environnement a dit vouloir devancer ses objectifs de développement fixés pour 2020 et créer un secteur d'affaires vert d'une valeur de 1 000 milliards de dollars qui ferait travailler 2,2 millions de personnes[5].

La mise en œuvre d'une série de mesures vertes pourrait s'accélérer pour contrer l'effondrement du produit intérieur brut (PIB) japonais. Parmi les mesures envisagées, on retrouve notamment une intensification de la production de véhicules « propres », l'usage de l'énergie solaire, un soutien apporté au marché des droits d'émissions et la rénovation des bâtiments pour les rendre moins énergivores.

Plusieurs entreprises japonaises comptent déjà parmi les chefs de file mondiaux de l'énergie solaire, comme Sharp, Sanyo ou Kyocera. Les véhicules hybrides représentent un autre axe important du développement de l'économie verte japonaise.

Je me souviens bien de l'année où Toyota a lancé sa première hybride, la Prius. C'était en 1997, et je me trouvais justement au Japon pour la conférence de Kyoto. Il s'agissait à l'époque d'un pari risqué, puisque Toyota perdait environ 10 000 $ US par voiture vendue. La plupart des analystes du secteur de l'automobile affirmaient que la firme japonaise avait perdu la tête et qu'il était peu probable que les consommateurs se tournent vers ce type de véhicule. Pourtant, Toyota s'attendait déjà à une hausse considérable du prix du pétrole, mais aussi, et c'est intéressant, à ce qu'un nombre croissant de consommateurs commencent à se préoccuper des questions écologiques. Pari tenu : en 2007, Toyota a vendu plus d'un million de Prius dans le monde.

## En Europe

Au Royaume-Uni, 400 000 emplois sont générés par le marché mondial des produits et services à faible intensité en carbone, lequel atteint déjà 5 000 milliards $ US. On enregistrerait pour la prochaine décennie une croissance de ce marché de 50 %. C'est ce qu'affirme le premier ministre britannique, Gordon Brown[6]. Même constat en France. On a voulu, après les accords de Grenelle de 2007[7], quantifier leurs retombées pour la sauvegarde et la promotion de l'environnement[8]. On a ainsi jugé substantielle la participation à la relance économique des quinze grands programmes mis en place par ces accords. L'activité qu'ils génèrent devrait, sur la période 2009-2020, s'élever à quelque 450 milliards d'euros. Grâce en grande partie aux projets d'infrastructure dans le secteur du bâtiment, du transport et de l'énergie, ces programmes permettront la création de plus de 600 000 emplois sur cette même période[9].

## Aux États-Unis

Scénario semblable aux États-Unis. Les technologies vertes constituent l'une des pièces centrales du plan de revitalisation de l'économie américaine. Barack Obama, en janvier 2009, a indiqué les secteurs-clés pour doter son pays de ce qu'il a appelé l'économie du XXI<sup>e</sup> siècle, c'est-à-dire une économie fondée sur l'énergie verte : les bâtiments fédéraux, dont il estime que 75 % doivent augmenter leur efficacité énergétique, et les résidences familiales. Un plan d'efficacité serait appliqué à deux millions d'entre elles.

On retrouve là encore l'idée de se servir de l'environnement pour favoriser la croissance économique, à laquelle s'ajoute ici la conscience de l'urgence du changement. Cinq millions d'emplois pourraient être créés par des investissements de 150 milliards $ US dans ces technologies vertes.

On ne rappellera jamais assez qu'une des pierres d'assise du plan Obama, largement passée sous silence par les médias, est précisément l'éducation, qui devrait permettre d'accroître la sensibilisation et la formation aux nouvelles technologies vertes.

Les sceptiques diront sans doute que, s'il redevenait rentable de polluer au nom de la croissance économique, nos sociétés capitalistes retrouveraient rapidement leurs vieux réflexes. C'est bien possible. Mais peu probable ! Et je vois à cela plusieurs raisons, entre autres celles-ci : la lutte contre les émissions de GES est devenue planétaire, les réserves de pétrole traditionnelles diminuent, le prix de revient des sources d'énergie renouvelables baisse.

Que l'économie mondiale mette actuellement l'accent sur les investissements dans des technologies propres et des

« infrastructures naturelles » (les forêts et les sols, par exemple) donne une bonne indication du niveau de conscience que nous avons atteint désormais.

En observant les très nombreuses mesures prises pour lutter contre le réchauffement planétaire, mesures qui sont certes jusqu'à aujourd'hui insuffisantes mais qui témoignent d'un souci de plus en plus généralisé de gérer différemment la planète, en constatant que les relances vertes se font de plus en plus nombreuses, j'ai très nettement l'impression que la société planétaire est effectivement en train de basculer.

Selon toute vraisemblance, nous sommes bien, comme je l'indiquais au début de ce livre, dans cette étape au cours de laquelle la logique s'inverse et la conscience s'élargit. Elle s'élargit si bien que les États-Unis, par exemple, qui, en leur temps, avaient refusé de ratifier le protocole de Kyoto, semblent modifier leur vision des choses. On a pu ainsi entendre Hillary Clinton affirmer, lors de son assermentation comme secrétaire d'État : « [...] les changements climatiques représentent, sans aucune ambiguïté, une menace contre la sécurité[10] », affirmation qu'entérinent aussi les organes de sécurité américains et l'auteur de ce livre au titre assez frappant, *Climate Wars*[11] *(Les Guerres du climat)*, qui prévoit des conséquences plutôt cauchemardesques de tels changements. Mais l'important à retenir, à mon avis, c'est l'insistance de tous sur la nécessité d'une coopération internationale pour lutter contre ces changements climatiques et, donc, pour accroître nos chances de freiner ce problème.

Un dernier exemple illustrera le virage que nous avons maintenant amorcé. Selon l'ONU, les investissements dans la production d'électricité verte (énergie solaire, énergie éolienne et autres technologies vertes), pour la première fois dans l'histoire, ont dépassé en 2008 les investissements destinés à la production d'électricité à partir du gaz naturel et du charbon : 140 milliards $ US pour l'énergie verte, contre 110 milliards pour les combustibles fossiles[12]... Je veux enfin rappeler cette phrase de Barack Obama, que j'ai entendue lors du grand sommet des chefs d'État et de gouvernement organisé le 22 septembre 2009 à New York par le secrétaire général des Nations Unies : « Nous savons que le futur de notre planète dépend de nos engagements à réduire de façon permanente la pollution des gaz à effet de serre. [...] Un grand nombre de pays ont maintenant fait les premiers pas vers cet objectif[13]. »

## Un radical pragmatique

Il y a quelques années, je revenais en train de Québec avec un de mes amis et nous discutions de choses et d'autres, jusqu'à ce qu'il me dise : « Tu sais ce que tu es ? Un radical pragmatique ! »

Je n'y avais jamais vraiment réfléchi, mais aujourd'hui, le temps passant, je crois de plus en plus qu'il a raison. Les changements que je propose dans ce livre sont, à bien des égards, radicaux : changements de notre façon de concevoir le monde, de produire et de consommer l'énergie, d'envisager nos transports et nos bâtiments. Un autre monde est possible. Nous sommes de plus en plus nombreux partout sur la planète à nous battre pour faire en sorte qu'il se réalise.

Et j'ai essayé ici de le décrire tel que je le conçois. Mais j'ai tenté aussi de démontrer que les outils nécessaires pour y arriver, nous les possédons tous.

J'estime que ma démarche est également pragmatique, au sens où je n'ai jamais cru que l'écologie devait être uniquement l'affaire des écologistes, au contraire ! Si nous voulons faire de la protection de l'environnement et de la lutte contre les changements climatiques une affaire de société, il faut rallier l'ensemble de la société à notre projet : les gouvernements, l'entreprise privée, le monde de la finance, les syndicats, le monde de la culture et la société civile. Le dialogue avec ceux qui ont des opinions, des façons de voir et de faire les choses différentes des nôtres, de même que l'ouverture aux autres, seront des éléments essentiels de notre réussite. J'ajouterai une seule nuance qui m'a été directement inspirée par l'astrophysicien et auteur Hubert Reeves. Celui-ci estime que « la partie est loin d'être gagnée… À côté des décideurs qui se tournent vers l'économie verte, Al Gore par exemple, il y a tous les autres qui se trouvent dans le camp de la détérioration. C'est une grande lutte entre deux forces[14] ».

Je comprends donc que, s'il faut être le plus inclusif possible, il ne faut pas être naïf, et reconnaître que certains éléments ne pourront être ralliés à la nouvelle façon de penser. Dans ces quelques cas, que je souhaite très rares, d'autres attitudes civilisées seront de rigueur.

Ce livre, c'est donc celui d'un militant qui a été arrêté quatre fois dans le cadre de ses fonctions et qui a même porté son message jusqu'au sommet de la tour du CN en 2001. Mais c'est également le livre d'un homme que les

ONG de la planète ont choisi par deux fois pour être leur porte-parole devant l'assemblée des Nations Unies, celui d'un ancien de Greenpeace qui préside aujourd'hui le comité sur le développement durable de la Chambre de commerce du Montréal métropolitain… Bref, le livre d'un militant radical pragmatique !

Au-delà de considérations techniques, technologiques ou économiques, le virage le plus important que nous avons pris au cours des dernières années a certainement consisté à admettre enfin que nous avions un problème, créé par nous et par nous trop longtemps nié. En cessant de nous cacher la tête dans le sable, nous avons fait le premier pas de cette longue marche qui nous permettra, j'en suis convaincu, de donner en héritage à nos enfants et à nos petits-enfants une planète que nous aurons su protéger.

## Remerciements

L'auteur tient à remercier Jean Lapalme pour l'inspiration et la recherche, Clôde de Guise et Laurence Jourde pour la rédaction, et pour leur collaboration et leurs généreux conseils, Marie-Ève Roy, Hugo Séguin, William George, Hugo Asselin, François Tanguay, Sidney Ribaux et toute l'équipe d'Équiterre, de même que l'équipe des Éditions du Boréal.

# Notes

PROLOGUE • LE POINT DE NON-RETOUR

1. *The Changing Atmosphere: Implications for Global Security*, actes de la conference de Toronto, Genève, Organisation météorologique mondiale, 1989, p. 710 (traduction libre).
2. *State of the World*, World Watch Institute, 2009, p. 23.
3. *Le Journal de Montréal*, 7 juin 2009.
4. Thierry Gaudin (dir.), *2100, récit du prochain siècle*, Paris, Payot, « Grande bibliothèque Payot », 1990, p. 248.


PREMIÈRE PARTIE – LE MONDE
INTRODUCTION • L'ÉTAT DE LA SITUATION CLIMATIQUE

1. Hans Joachim Shellnhuber *et al., Avoiding dangerous climate change*, Cambridge, Cambridge University Press, 392 p.
2. La tonne d'équivalent $CO_2$, ou $CO_2$ équivalent, est donc une unité de mesure des gaz à effet de serre. Elle comprend l'ensemble des GES en fonction de leur potentiel de réchauffement. Plutôt que de parler de $CO_2$, de méthane, d'oxyde nitreux, etc., on les regroupe tous sous cette expression.
3. GIEC, *Changements climatiques 2007 — Rapport de synthèse*, p. 5, 2008.

CHAPITRE PREMIER • LA LONGUE MARCHE VERS KYOTO

1. Le Réseau action climat (RAC) est un réseau international qui rassemble plusieurs centaines de groupes : des organisations internationales comme Greenpeace, le Fonds mondial pour la nature (WWF), les Amis de la terre, mais aussi des groupes régionaux et locaux.

2. Équiterre fait d'ailleurs partie du Strathmere Group, un regroupement des dix ONG œuvrant en environnement les plus importantes au Canada. Ce regroupement inclut entre autres le Fonds mondial pour la nature (WWF), Greenpeace, la Fondation David-Suzuki.

3. François Meloche est également l'un des membres fondateurs du Groupe investissement responsable et l'un des grands experts québécois en matière d'investissement éthique ; Patrick Henn est aujourd'hui expert en évaluation écologique pour le groupe d'experts en énergie renouvelable Hélimax ; Sidney Ribaux est l'actuel coordonnateur général d'Équiterre ; quant à Laure Waridel, l'une des pionnières du commerce équitable au Québec, elle est aujourd'hui auteure, conférencière et chroniqueuse.

4. Paul Heinbacker est aujourd'hui professeur à l'université Wilfrid-Laurier et au Centre de recherche indépendant pour l'innovation dans la gouvernance internationale (CIGI) de Waterloo (Ontario). Son nom vous est peut-être familier puisque c'est lui qui a représenté le Canada aux États-Unis, à New York, lors des débats au cours desquels les États-Unis ont tenté, sans succès, de convaincre les autres pays de l'importance d'envahir l'Irak, en 2003.

5. http://cait.wri.org

6. GIEC, *Rapport spécial*, « Utilisation des terres, changements d'affectation des terres et foresterie — Sommaire pour les décideurs », OMM-PNUE, 2000, p. 26.

7. Article 25 du protocole de Kyoto.

8. En ligne : www.unwire.org/unwire/20021211/30894_story.asp

9. Présentation de Robert T. Watson, président du Groupe d'experts intergouvernemental sur l'évolution du climat, sixième Conférence des parties à la Convention-cadre des Nations Unies sur les changements climatiques, 12 novembre 2000.

10. En ligne : www.iisd.ca/download/pdf/enb12283e.pdf
11. Discours préparé en collaboration avec Hugo Séguin et Jean-François Nolet.

## CHAPITRE 2 • LA BOURSE DU CARBONE

1. D'où le nom de « plafonnement et échange » souvent utilisé pour ce système et qui vient de l'expression anglaise *Cap and Trade*; on utilise aussi fréquemment le terme « quota ».
2. www.westernclimateinitiative.org/
3. www.mcex.ca/ ; www.chicagoclimatex.com/
4. *Stern Review*, « The Economics of Climate Change », Executive Summary, p. I ; en ligne : www.hm-treasury.gov.uk/d/Executive_Summary.pdf
5. Congress of the United States, Congressionnal Budget Office, *Policy Options for Reducing* $CO_2$ *Emissions*, février 2008.
6. Tony Blair, « Breaking the climate-change deadlock. An agreement on clear, practical goals could achieve major reductions in emissions », *The Toronto Star*, 6 juillet 2009.

## CHAPITRE 3 • LE MÉCANISME DE DÉVELOPPEMENT PROPRE

1. http://cdm.unfccc.int/Statistics/index.html ; http://en.wikipedia.org/wiki/Clean_Development_Mechanism#CDM_projects_to_date
2. Keith Bradsher, « Clean Power That Reaps a Whirlwind », *The New York Times*, 9 mai 2007.
3. www.pointcarbon.com

## CHAPITRE 4 • LA REFORESTATION

1. Voir la banque de données CAIT : http://cait.wri.org/
2. www.cyberpresse.ca/environnement/climat/200812/13/01-810133-poznan-entente-au-rabais-pour-les-pays-riches.php

3. Bill Curry et Martin Middelstaedt, « Ottawa's stand at climate talks hurting native rights, chiefs say : First Nations blast Indian Affairs Minister », *The Globe and Mail,* 12 décembre 2008, en ligne : www. ienearth.org/news/Ottawastandatclimatetalkshurtingnativeright schiefssay.html

4. Ces pays sont, 1) en Afrique, la République centrafricaine, la République démocratique du Congo, la République du Congo, le Gabon et tous les pays riverains de la forêt du bassin du fleuve Congo ; 2) en Amérique latine, la Bolivie et le Chili ; 3) en Amérique centrale, le Panama, le Costa Rica, le Guatemala et le Nicaragua ; 4) dans les Caraïbes, la République dominicaine ; 5) en Océanie, les îles Fidji, la Papouasie-Nouvelle-Guinée, les îles Salomon et Vanuatu.

5. www.unep.org/Documents.Multilingual/Default.asp?Document ID=545&ArticleID=5930&l=fr

6. Ces 14 pays récipiendaires sont la République démocratique du Congo, le Gabon, le Ghana, le Kenya, le Liberia et Madagascar sur le continent africain ; la Bolivie, le Costa Rica, la Guyana, le Mexique et le Panama en Amérique latine ; le Népal, le Laos et le Vietnam en Asie.

7. « Forest Carbon Partnership Facility Takes Aim at Deforestation », http://web.worldbank.org/WBSITE/EXTERNAL/NEWS/0,,content MDK:21581819~pagePK:64257043~piPK:437376~theSitePK: 4607,00.html

8. « Brazil launches international fund to preserve Amazon », http://afp.google.com/article/ALeqM5h3RdiHzUtR8ihkJCyvdTdrau Bd_A

9. « African Development Bank to Fund Congo Forest Conservation », Environmental News Service, 21 février 2008.

10. www.planvivo.org

11. *The Economist,* 27 mars 2008.

12. Tim Cadman, « The Clearcut Case: How the Kyoto Protocol could become a driver for deforestation — A report for Greenpeace International and WWF », Native Forest Network, novembre 2000.

13. www.unep.org/Documents.Multilingual/Default.asp?Document ID=589&ArticleID=620 6&l=fr

14. The Hadley Center for Climate Protection and Research, « Climate Change — An update of recent research for the Hadley Center », novembre 2000, p. 12-13.

15. www.greenbeltmovement.org/
16. www.unep.org/billiontreecampaign/french/

## CHAPITRE 5 • L'AGRICULTURE

1. *State of the World 2009: Into a Warming World,* World Watch Institute, p. 35.

2. « Fertilizers washed into ocean cause huge increase in potent greenhouse gas : report », *The Welland Tribune,* mai 2008.

3. Voir les travaux du professeur Gilles Lemieux, université Laval, faculté de foresterie et de géomatique, département des sciences du bois et de la forêt, Groupe de coordination sur les bois raméaux, en ligne : www.sbf.ulaval.ca/brf

4. « EPA Confirms Most Corn Ethanol Worsens Global Warming Pollution », www.commondreams.org/newswire/2009/05/05-18

5. François Tanguay et Jocelyn Desjardins, *Manifestement Vert,* Montréal, Trécarré, 2008, p. 126.

6. www.lebulletin.com/informations/actualite/article.jsp?content =20070903_104045_1144

7. Pierre Langlois, *Rouler sans pétrole,* Montréal, Éditions Multi-Mondes, 2008, p. 225.

8. « Farmers Poised to Offset One-Quarter of Global Fossil Fuel Emissions Annually », 2 juin 2009, www.worldwatch.org/node/6124

9. « Carbon Farming on Rise in Australia », Reuters, 17 juin 2009.

10. Vous ne le croirez peut-être pas, mais il existe un Festival du non-labour en France ! Dans l'Hexagone, la confrérie des non-laboureurs compte déjà 3 600 membres. Voir *Le Monde* du 16 septembre 2004.

11. *State of the World,* 2009, p. 35.

12. www.equiterre.org/agriculture/paniersBios/index.php

13. www.naturequebec.org/pages/fermeszerocarbone.asp

14. Première Chaîne de Radio-Canada, *Dimanche Magazine,* 12 novembre 2006.

15. Cette chaîne alimentaire compte plusieurs niveaux, dont les lombrics, les arthropodes et les bactéries qui, ultimement, transforment les différents composants du sol en une forme assimilable par les plantes.

16. greeninc.blogs.nytimes.com/2009/06/17/the-energy-potential-of-chicken-droppings
17. http://fr.wikipedia.org/wiki/Pyrolyse
17. Louis Gilles Francœur, « Impacts agricoles », *Le Devoir*, 11 janvier 2008.

## CHAPITRE 6 • LE CHARBON

1. www.iea.org/textbase/nppdf/free/2008/key_stats_2008.pdf
2. www.pewclimate.org/global-warming-basics/coalfacts.cfm
3. www.pewclimate.org/global-warming-basics/coalfacts.cfm et www.nrcan-rncan.gc.ca/com/resoress/publications/peo/peo2006-fra.pdf, p. 48.
4. Ce rapport n'étant pas disponible en français ni en anglais, la Fondation Pew, l'une des grandes organisations écologistes américaines, en a fait une traduction qu'on peut consulter dans : www.pew climate.org/docUploads/ChinaNationalClimateChangePro gramme%20June%2007.pdf
5. « China's Stunning New Renewable Energy Standard : 20 Percent by 2020 », www.treehugger.com/files/2009/06/china-stunning-new-renewable-energy-standard.php
6. http://cachef.ft.com/cms/s/0/cc207678-0738-11de-9294-00077 b07658.html?nclick_check=1
7. « China's Wind-Power Potential », *Nature*, vol. 457, n° 7228 (22 janvier 2009) ; publié en ligne le 21 janvier 2009 : www.nature.com/nature/journal/v457/n7228/full/457357a.html
8. www.treehugger.com/files/2009/06/india-draft-solar-power-plan-200000-mw-installed-by-2050.php
9. « Rooftops in India eyed to produce 2000MW of solar power », www.ecoseed.org/index.php/general-news/features/green-living/2650-rooftops-in-india-eyed-to-produce-2000mw-of-solar-power
10. http://sierraclub.typepad.com/compass/2009/07/the-100th-coal-pl?ant-milestone.html
11. World Energy Investment Outlook 2003 Insights, www.iea.org/text base/speech/2003/mandil/houston.pdf
12. http://dels.nas.edu/dels/rpt_briefs/coal_r&d_final.pdf

## CHAPITRE 7 • POUR UNE JUSTICE CLIMATIQUE

1. http://www.cyberpresse.ca/environnement/climat/200906/08/01-873665-climat-les-ong-presentent-leur-accord-de-copenhague.php
2. « UN Climate Deal to Fail Without Aid Money-Adviser », Reuters, 6 mai 2009.
3. http://one.org/international/datareport2009/press.html
4. « Reports From Four Fronts in the War on Warming », www.nytimes.com/2007/04/03/science/earth/03clim.html?_r=1&ref=science
5. « Il n'y a aucun statut pour les réfugiés climatiques », http://www.temoust.org/il-n-y-a-aucun-statut-pour-les,11004
6. Julie-Anne Pariseau, *Perspectives légales internationales ; un statut juridique inexistant et une protection internationale inadéquate : les réfugiés écologiques, qui sont-ils et où iront-ils ?*, Avocats canadiens à l'étranger, vol. 3, avril 2008, p. 5 à 18.
7. David Fogerty, « Crops Face Toxic Timebomb in Warmer World : Study », Reuters, 29 juin 2009.
8. Tim Flannery, *The Weather Makers: The History and Future Impact of Climate Change*, Melbourne, Text Publishing, 2005.

## SECONDE PARTIE – LE QUÉBEC
## CHAPITRE 8 • LE QUÉBEC, MODÈLE DANS LA LUTTE CONTRE LES CHANGEMENTS CLIMATIQUES

1. Voir Pierre Langlois, *op. cit.*, p. 131.

## CHAPITRE 9 • LES TRANSPORTS

1. Richard Bergeron, *Les Québécois au volant, c'est mortel*, Montréal, Les Intouchables, p. 284.
2. Ressources naturelles Canada, en ligne : www.nrcan.gc.ca/eneene/sources/pripri/crubru/crubrumo-2008-fra.php
3. Ministère des Finances du Québec, « Études économiques, fiscales et budgétaires », volume 2, n° 1, 13 mai 2008, p. 1.

4. Patrick Déry, *État et perspectives énergétiques mondiales et québécoises*, Groupe d'études écologiques de La Baie (GREB), 2008, p. 10.
5. Équiterre, *Pour un Québec libéré du pétrole en 2030*, 2009, p. 33-34.
6. Le plastique, par exemple, est un produit pétrolier non énergétique.
7. Équiterre, *Pour un Québec libéré du pétrole en 2030*.
8. *Ibidem*, p. 39.
9. *Ibidem*, p. 51.
10. *Ibidem*, p. 124.
11. *Idem*.
12. http://www.transportail.net/fr/nouvelles/nouvelle.asp?id=1632
13. C'est la projection évoquée par Pierre Bergeron, *op. cit.*, p. 108.
14. Pierre Langlois, *op. cit.*, p. 132-133.
15. Table québécoise de la sécurité routière, « Pour améliorer le bilan routier », *Premier rapport de recommandations de la Table québécoise de la sécurité routière*, 2007, p. 13.
16. http://oee.nrcan.gc.ca/transports/personnel/conduite/bon-sens-au-volant-habitudes-de-conduite.cfm?attr=8

## CHAPITRE 10 • L'AMÉNAGEMENT DU TERRITOIRE

1. Richard Bergeron, *op. cit.*, p. 211.
2. Une étude australienne datant des années 1970 estime à 30 000 $ AU le coût sociétal du déménagement d'une famille qui quitte la ville pour s'installer en banlieue. Voir Luc Gagnon, *Échec des écologistes*, Montréal, Éditions du Méridien, 1993.
3. Richard Bergeron, *op. cit.*, p. 217.
4. L'expression « densification » étant encore très épineuse, la ministre parlera d'« optimisation » du territoire, selon François Bourque, qui a mené l'entrevue au cours de laquelle la ministre s'est exprimée sur ce sujet ; voir *Le Soleil*, 30 mai 2009.
5. www.radio-canada.ca/regions/Quebec/2009/05/25/004-upa_craintes_ex-ministres.shtml
6. http://sos30.com/terres.html
7. www.visiondurable.com/actualites/responsabilite-sociale/5442-Nouvelle-offensive-des-villes-de-banlieue-pour-gruger-lespace-vert
8. Maureen Carter-Whitney, *Ontario's Green Belt in an Interna-*

*tional Context,* Canadian Institute for Environmental Law and Policy, 2008.

9. http://www.theglobeandmail.com/news/national/article678728.ece

## CHAPITRE 11 • LA PRODUCTION DE PÉTROLE ET DE GAZ NATUREL

1. www.radio-canada.ca/nouvelles/regional/bas-st-laurent, 28 juillet 2009.
2. Agence internationale de l'énergie.
3. Jeff Ruben, *Why Your World is About to Get a Lot Smaller,* Toronto, Random House Canada, p. 35.
4. *Ibid.,* p. 22.
5. Cette lettre est parue dans *La Presse* et *Le Soleil,* le 28 septembre 2007, dans la section *Idées.*
6. www.greenpeace-energy.de

## CHAPITRE 12 • LES SABLES BITUMINEUX

1. Une version préliminaire de ce texte a déjà été publiée dans la revue *Relations.*
2. http://mostlywater.org/500_birds_trapped_alberta_tarsands_tai lings
3. Jeff Wells, *Danger in the Nursery; Impacts on Birds of the Tar Sands Oil Development in Canada's Boreal Forest,* Natural Resource Defense Council, décembre 2008.
4. *Ibidem,* p. 57 et 62.
5. *Ibidem,* p. 31.
6. Normand Mousseau, *Au bout du pétrole,* Éditions MultiMondes, 2008, p. 58.
7. *Ibidem,* p. 119.
8. GIEC, *Rapport spécial : piégeage et stockage du dioxyde de carbone,* PNUE, 2005.
9. www.energy.ca.gov/low_carbon_fuel_standard
10. www.scientificamerican.com/article.cfm?id=california-adopts-low-car

11. www.eia.doe.gov/oiaf/aeo/otheranalysis/aeo_2008analysispapers/eisa.html

12. Thomas Homer-Dixon, *The Upside of Down : Catastrophe, Creativity and the Renewal of Civilization*, Toronto, Knopf Canada, 2006, 417 p.

13. *Ibidem*, p. 37 (traduction de l'auteur).

14. *Ibidem*, p. 109 (traduction de l'auteur).

## CHAPITRE 13 • LA FORÊT BORÉALE

1. *L'Erreur boréale*, réalisé par Richard Desjardins et Robert Monderie, produit par Bernadette Payeur et Éric Michel, 1999.

2. www.greenpeace.org/raw/content/canada/fr/documents-et-liens/documents/emplois-dent-scie.pdf

3. www.nature.com/nature/journal/v456/n7224/full/456888a.html

4. *Le Devoir*, 15 mai 2009.

## CHAPITRE 14 • LES SOURCES D'ÉNERGIE RENOUVELABLES

1. « Quand l'Europe se chauffera au soleil du Sahara », *Le Monde*, 13 juillet 2009.

2. www.aee.gouv.qc.ca/innovation-technologique/chauffe-eausolaires-domestiques

3. www.hydroquebec.com/tarifs/autoproduction/fr/liens.html

4. Ces données sont celles que Susanne Ritter, membre de la Chambre canadienne allemande de l'industrie et du commerce, a présentées dans une conférence devant les membres de la Chambre de commerce du Montréal métropolitain, le 28 avril 2009.

5. *Idem*.

6. Le système d'évaluation LEED (Leadership in Energy and Environnemental Design) reconnaît les réalisations en matière de bâtiment « vert ». Il comporte trois niveaux de certification : argent, or et platine.

7. www.caaaq.gouv.qc.ca/documentation/rapportfinal.fr.html

8. « Infrastructures de valorisation biologique des matières orga-

niques. Les municipalités et les groupes environnementaux réclament de Québec un programme de financement », 24 février 2009, en ligne : www.newswire.ca/en/releases/archive/february2009/24/c3067.html

9. www.gwec.net/index.php?id=153

10. Ce mandat a été donné par Équiterre en collaboration avec plusieurs des groupes écologistes les plus importants, dont Greenpeace, ENvironnement JEUnesse, l'Union québécoise pour la conservation de la nature, le Regroupement national des conseils régionaux de l'environnement du Québec ainsi que l'Association canadienne de l'énergie éolienne.

11. Hélimax Énergie, *Étude sur l'évaluation du potentiel éolien, de son prix de revient et des retombées économiques pouvant en découler au Québec,* avril 2004.

12. *Ibidem,* p. 46.

13. Voir www.eolien.qc.ca

14. Multi Réso — recherche marketing, « Les éoliennes : c'est bon et c'est beau ! », Senergis-marché de l'énergie, printemps 2008.

15. *Ibidem,* p. 1.

16. Paul Gipe, en ligne : www.wind-works.org/articles/community.html

17. www.windustry.org/communitywind

18. www.hydroquebec.com/residentiel/geothermie/

19. www.mec.ca

20. www.visiondurable.com/actualites/energie/5144-L-ecole-du-Tour nant-la-plus-ecoenergetique-au-Canada

## CHAPITRE 15 • L'ÉCOBÂTIMENT

1. www.cemex.fr/ac/pdf/comm/CP_20090518.pdf

2. Éric Moreau, *Le Soleil,* 20 mars 2008.

3. « "Energy Star buildings typically use 35 percent less energy and emit 35 percent less greenhouse gases than average buildings", said EPA Administrator Lisa Jackson », *Environment News Service,* 4 mars 2009.

4. *Le Monde,* 3 avril 2009.

5. Le World Business Council for Sustainable Development (WBCSD) est un regroupement de 160 entreprises internationales concernées par le développement durable. Ses membres sont originaires de plus de 30 pays. Il dispose d'un réseau mondial réunissant plus de 1 000 dirigeants d'entreprise dans le monde entier.

### ÉPILOGUE • L'ENVIRONNEMENT, CONDITION D'UNE ÉCONOMIE PROSPÈRE

1. En ligne : www.ledevoir.com/2009/08/24/263932.html, 24 août 2009.
2. www.premier-ministre.gouv.qc.ca/discours-2009-03-10-en.shtml
3. http://cachef.ft.com/cms/s/0/cc207678-0738-11de-9294-0000 77b07658.html?nclick_check=1
4. « Séoul prépare un ambitieux plan de croissance verte », *Le Monde*, 23 mai 2009.
5. « Sortie de crise : le Japon mise sur l'environnement », *Le Monde*, 20 février 2009.
6. www.number10.gov.uk/Page18530
7. On désigne ainsi les négociations politiques organisées en France par le gouvernement en 2007, dont l'objectif était de réunir des responsables des secteurs concernés par les questions écologiques (gouvernement, ONG, associations professionnelles), afin de prendre des décisions à long terme.
8. Cette étude a été réalisée par une firme de consultants reconnue, le Boston Consulting Group, à la demande du ministère du Développement durable.
9. www.legrenelle-environnement.fr
10. www.washingtonpost.com/wp-srv/politics/documents/tran script_clinton.html
11. Gwynne Dyer, *Climate Wars*, Random House Canada, 2008, 267 p.
12. Terry Macalister, « Green Energy Overtakes Fossil Fuel Investment, Says UN », *The Guardian/UK, Thursday*, 4 juin 2009.
13. in.reuters.com/article/worldNews/idINIndia-42626520090922
14. Allocution de l'astrophysicien Hubert Reeves : « Les verts n'on pas encore gagné la partie », Claude Turcotte, *Le Devoir*, 30 avril 2009.

# Table des matières

## SECONDE PARTIE Le Québec

Imprimé sur du papier 100 % postconsommation,
traité sans chlore, certifié ÉcoLogo et fabriqué dans une usine
fonctionnant au biogaz.

MISE EN PAGES ET TYPOGRAPHIE :
LES ÉDITIONS DU BORÉAL

ACHEVÉ D'IMPRIMER EN NOVEMBRE 2009
SUR LES PRESSES DE TRANSCONTINENTAL GAGNÉ
À LOUISEVILLE (QUÉBEC).